银发经济100问

任群星　许少亮　陶勇◎著

文化发展出版社
Cultural Development Press
·北京·

图书在版编目（CIP）数据

银发经济100问 / 任群星，许少亮，陶勇著. 北京：文化发展出版社，2025. 7. —ISBN 978-7-5142-4676-6

Ⅰ. F014.5-44

中国国家版本馆CIP数据核字第2025W3Z049号

银发经济100问

任群星　许少亮　陶　勇　著

责任编辑：安玉霞　　责任校对：侯　娜

责任印制：邓辉明　　封面设计：思享文化

出版发行：文化发展出版社（北京市翠微路 2 号　邮编：100036）

网　　址：www.wenhuafazhan.com

经　　销：全国新华书店

印　　刷：三河市中晟雅豪印务有限公司

开　　本：880mm × 1230mm　1/32

印　　张：8.75

字　　数：160千字

版　　次：2025 年 7 月第 1 版

印　　次：2025 年 7 月第 1 次印刷

定　　价：68.00 元

I S B N：978-7-5142-4676-6

◆ 如有印装质量问题，请电话联系：010-65583678

《银发经济100问》著作团队

主 著 作 者： 任群星　许少亮　陶　勇

参与著作者： 康　超　吴荣伟　陈　情　沈　晗

叶　军　陈泽贤　张　未　赖志朋

王欣婷　王　昊

作者简介

任群星　女，高级工程师，现任福建中咨工程咨询有限公司执行董事、总经理，福建中咨规划设计研究集团有限公司董事长。从事工程咨询工作二十余年，始终坚守在业务一线，具有丰富经验。研究领域包括项目策划、产业研究、规划咨询、评估咨询、管理咨询、PPP咨询等，主持或参与完成的项目获得省部奖2项。

许少亮　男，正高级工程师，正高级经济师，注册城乡规划师，硕士生导师。现任福建中咨工程咨询有限公司总经理助理，福建中咨规划设计研究集团有限公司董事、总经理。研究领域包括项目策划、产业研究、规划研究、工程咨询、国土空间规划、工程设计、乡村振兴等课题。主持或参与完成的项目获得省部奖18项，发表专业论文16篇，取得发明专利1项。

陶勇　男，正高级工程师，注册城乡规划师，硕士生导师，博士。现任福建中咨规划设计研究集团有限公司董事、副总经理。研究领域包括项目策划、规划研究、国土空间规划、工程设计、乡村振兴等课题。主持或参与完成的项目获得省部奖48项。

内容简介

《银发经济100问》是理解老龄化社会发展趋势、探索银发经济潜力的重要指南。本书着重探讨了老龄化社会背景下银发经济的核心议题与发展路径，内容涵盖银发经济概述、产业发展、劳动力与就业、创新技术、文化融合、挑战与机遇及未来展望。银发经济是应对人口老龄化的重要经济新形态，其发展受人口结构变化、政策支持、技术创新等多重因素推动，涉及医疗健康、养老护理、金融保险、智能科技等多元领域。银发群体不仅是消费主体，更是社会参与的活跃力量，其需求推动产业创新与跨界融合。展望未来，银发经济将与人工智能、绿色经济深度融合，为老龄化社会经济健康可持续发展提供重要指引。

福建中咨规划集团
微信公众号

序　言

党的二十届三中全会《决定》提出“积极应对人口老龄化，完善发展养老事业和养老产业政策机制。发展银发经济，创造适合老年人的多样化、个性化就业岗位”。2024年底召开的中央经济工作会议和2025年的政府工作报告，都把大力提振消费、发展银发经济放在2025年全年工作任务的突出位置。当前，我国60岁及以上人口已突破3.1亿，约占总人口的22%，可见这片“银色浪潮”中蕴藏的消费潜力、创新动能和社会价值不可估量。

福建中咨规划设计研究集团（以下简称福建中咨规划集团）编著的《银发经济100问》应时而生。这本书以问答的形式，系统研究了银发经济的核心议题与发展路径，对老龄化社会背景下的银发经济图景做了前瞻思考，也为政策制定者、市场主体和社会公众提供了行动指南。

本书对银发经济做了比较全面的介绍，对银发经济与老龄化社会的关系、银发经济主要产业、银发经济与数字技术创新等方面的热点问题逐一做了解读和分析。本书不仅从经济和技术的维度，还从人文关怀等角度出发，探讨银发群体的文化需求、精神需求，归纳银发经济中最受老年人欢迎的产品和服务。

本书也展现了福建中咨规划集团充分发挥工程咨询“产学研用”融合优势，对银发经济的研究注重务实的一面，如关于智慧养老，不仅分析了智能家居、健康监测设备的技术应用，还提出适老化设计应以用户体验为核心的实操原则；在银发劳动力再就业议题中，结合案例探讨了老年人力资源开发的制度创新与企业适配策略。理论与实践并举的研究特色，为地方政府制定产业政策、企业优化服务提供可落地的解决方案。

本书与姊妹篇《海洋经济100问》《文旅经济100问》《数字经济100问》《绿色经济100问》《低空经济100问》共同构成“新经济六部曲”，但都贯通“产学研用一体化”的编研思路，体现了福建中咨规划集团的深厚研究积淀。

近年来，中国国际工程咨询有限公司正在全力打造国家高端智库，以福建中咨规划集团为代表的所属单位也持续加大智库研究力度，必将为“中咨品牌”注入新活力，为中国式现代化贡献更多“中咨方案”和“中咨智慧”。

本书是工程咨询行业丛书中的行业通识类书籍。为进一步加大行业研究工作的宣传力度，构建工程咨询行业出版物体系，中国工程咨询协会规划了智库研究、理论指南、标准规范、行业通识、年度报告、其他等六类出版物，旨在通过一系列高质量、有特色的出版物，提升行业整体研究能力，扩大行业影响力和辐射力。

期待本书能激发更多思考与实践，助力中国走出一条具有特色的积极老龄化之路，构建一个年龄友好、代际和谐的美好社会，为中国式现代化书写“老有所养、老有所为”的生动注脚。

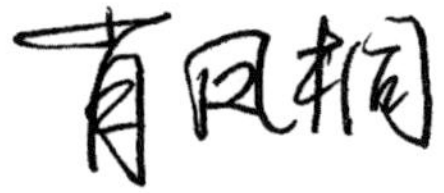

中国工程咨询协会会长

2025年6月30日

目 录

第一章　银发经济概述　001

001 什么是银发经济？　003
002 银发经济的主要特点是什么？　004
003 银发经济的主要消费群体是谁？　008
004 银发经济的主要推动力是什么？　011
005 中国社会老龄化是必然趋势吗？　015
006 银发经济对国家经济发展有何影响？　017
007 老龄化社会与银发经济有什么关系？　021
008 银发经济如何促进社会福利和保障体系的完善？　024
009 银发经济具体包括哪些领域？　029
010 银发经济与乡村振兴战略的协同发展路径是什么？　030

第二章 银发产业发展 037

011 银发经济的发展对就业市场有何影响？ 039

012 银发消费者的需求有哪些特点？ 040

013 银发消费群体的消费能力和消费趋势有何变化？ 042

014 银发消费者在食品、医疗、旅游等领域的消费偏好有哪些？ 043

015 银发群体对数字化产品和服务的接受度如何？ 047

016 传统劳动力如何适应银发消费者的需求？ 049

017 银发消费者如何影响电商平台的发展？ 050

018 银发经济如何推动可持续消费和绿色经济发展？ 051

019 银发经济如何影响旅游产业的变化？ 054

020 银发经济中的产业医疗有哪些重要机遇？ 056

021 如何在银发经济中构建适应老龄化社会的健康管理体系？ 058

022 居住养老问题如何促进银发经济发展？ 060

023 如何为银发群体提供优质的老年护理服务？ 063

024　银发群体的娱乐休闲需求如何满足？　064
025　银发经济中，智慧养老和智能家居的应用前景如何？　066
026　银发经济对老年教育产业的推动作用如何？　068
027　银发经济如何影响保险业的发展？　069
028　银发经济如何促进跨界融合产业的发展？　071

第三章　银发劳动力和就业　075

029　银发经济中有哪些行业是增长最快的？　077
030　银发经济对就业市场有哪些具体影响？　080
031　老龄化社会如何影响劳动力市场的供给？　082
032　银发劳动力的就业特点和优势有哪些？　084
033　如何为银发群体提供再就业培训和就业支持？　087
034　银发劳动力在哪些行业有更大的就业潜力？　089
035　银发劳动力在职场的主要障碍是什么？　091
036　银发劳动力的就业稳定性如何？　093
037　银发劳动力在志愿服务中可以发挥哪些作用？　096

第四章　银发经济与创新　099

038　如何通过技术创新提升银发群体的生活质量？　101
039　智能家居如何帮助提升生活质量？　104
040　银发群体对人工智能技术的接受度如何？　106
041　如何利用大数据和人工智能为银发群体提供个性化服务？　108
042　银发群体对健康监测设备的需求如何？　109
043　机器人技术如何改变银发社区的生活方式？　110
044　如何利用VR提升银发群体娱乐体验？　114
045　数字化技术如何改善住宅社交生活？　118
046　银发群体的数字鸿沟如何被缩小？　119
047　数字化健康管理的发展前景如何？　123
048　银发经济中哪些新兴技术最有潜力？　125
049　区块链技术在银发经济中有哪些应用场景？　128
050　银发经济如何利用无人机技术？　129
051　银发经济如何利用云计算？　130

第五章　银发文化与社会融合　133

052　银发经济如何推动公共基础设施的适老化改造？　135

053　如何构建多层次社会保障体系以适应银发经济？　139
054　银发经济如何促进公共交通系统的无障碍设计？　143
055　如何打破银发群体的社会隔离现象？　147
056　银发群体的文化需求有哪些特点？　152
057　如何通过活动增强银发群体的归属感？　153
058　银发经济如何推动社区建设与邻里互助？　155
059　哪些产品或服务最受老年人欢迎？　157
060　如何利用社交媒体平台增强银发群体的社会参与感？　158
061　银发经济如何推动社区养老服务的创新模式？　163
062　如何通过文化和教育活动提升银发群体的心理健康？　167

第六章　银发经济的挑战与机遇　173

063　如何保障老年群体的数字支付安全？　175
064　银发经济如何影响医疗保险和商业健康保险的发展？　179

065 银发群体的消费模式如何影响资本市场的投资趋势？ 184

066 银发经济面临哪些主要挑战？ 188

067 银发经济中的人才难题如何解决？ 191

068 银发经济如何应对老龄化社会带来的医疗资源短缺问题？ 193

069 银发经济对环境的影响如何管理？ 196

070 如何平衡银发经济的可持续发展与经济增长？ 197

071 在银发经济发展过程中，如何确保公平性和约束性？ 199

072 银发群体如何在经济活动中创造新的机遇？ 200

073 如何在全球范围内推广银发经济的成功模式和经验？ 203

第七章 银发经济的创新与可持续发展 205

074 银发经济如何推动创新型产品与服务的发展？ 207

075 如何通过技术创新提高银发人群的生活品质？ 208

076 智能城市如何与银发经济相结合？ 210

077 如何促进银发经济与绿色经济的融合发展？ 211
078 银发经济中的共享模式如何影响老年人群？ 213
079 银发经济如何促进健康产业的创新和可持续发展？ 214
080 银发社会如何更灵活地设计就业？ 216
081 如何通过社区创新服务提升银发群体生活质量？ 218
082 银发经济如何推动环保产品和服务的发展？ 220
083 银发经济如何促进循环经济的发展？ 221
084 银发经济如何推动可持续城市规划？ 223
085 银发经济如何通过创新减少环境足迹？ 225

第八章　银发经济的未来展望 227

086 如何通过政策引导促进银发经济的健康发展？ 229
087 银发经济将如何重新定义“老年”这个概念？ 230
088 银发经济未来如何促进多代共生社会的形成？ 232

089 银发经济将如何与人工智能、机器人等技术融合？ 235

090 银发经济将如何影响全球资源分配和社会结构？ 237

091 如何为银发群体创造更加智能化的社会环境？ 239

092 银发经济的未来展望 241

093 银发经济领域项目如何部署？ 243

094 银发经济将如何影响未来的城市规划？ 249

095 银发经济将如何影响未来的建筑设计？ 250

096 银发经济如何影响房地产市场，特别是在住房适老化改造方面？ 252

097 银发经济将如何影响未来的交通系统？ 253

098 银发经济将如何影响未来的教育体系？ 255

099 银发经济将如何影响未来的医疗体系？ 257

100 如何建立一个长期可持续的银发经济生态系统？ 258

第一章

银发经济概述

001　什么是银发经济？

银发经济，是指随着人口老龄化趋势加剧，针对老年人口特有的需求、偏好和消费能力而形成的经济活动和市场。这一概念涵盖了为老年人提供的各种商品和服务，包括但不限于以下方面。

健康医疗：包括药品、保健品、医疗设备、健康管理服务等。

养老服务：养老院、居家护理服务、老年社区等。

金融产品：针对老年人的储蓄、投资、保险等金融规划服务。

休闲娱乐：旅游、文化活动、健身、娱乐等。

教育培训：老年教育、兴趣班、终身学习等。

日常生活用品：适合老年人使用的家居产品、服装、辅助设备等。

房地产：适老化住宅、退休社区等。

科技产品：智能手机、平板电脑的老年模式，以及智能家居等。

银发经济的发展受到多方面因素的推动，包括以下方面。

人口老龄化：全球范围内，尤其是发达国家，老年人口比例不断上升。

人均寿命延长：随着医疗技术的进步和生活条件的改善，人们的预期寿命延长。

消费能力：许多老年人拥有稳定的退休金和丰厚的储蓄，具有一定的消费能力。

政策支持：国家出台政策鼓励银发经济发展，以应对老龄化带来的社会和经济挑战。

银发经济的兴起为市场提供了新的增长点，同时也对企业、政府和社会提出了新的挑战，如何更好地满足老年人的需求，提高他们的生活质量，成为社会各界关注的焦点。

002 银发经济的主要特点是什么？

（一）需求多样化

健康需求：老年群体的健康需求是银发经济中最为重

要的组成部分。随着年龄的增长，老年人面临更多的健康问题，如阿尔茨海默病、行动不便等。医疗健康服务、护理服务、康复治疗、老年人专用药品等都成为银发经济的核心内容。

生活需求：老年人在日常生活中的需求非常多样化，包括居家照护、交通便利、老年人社交需求、兴趣爱好等。例如，适老化的住房设计、无障碍的公共设施、老年社交平台、休闲娱乐活动等。

金融需求：随着老年人进入退休阶段，如何保障老年人的经济安全成为银发经济中的一个关键部分。包括养老金理财、保险、财富管理等金融服务。

文化与精神需求：老年人在精神文化方面也有广泛的需求，如文学、艺术、教育和心理健康等服务。许多老年人也渴望更多的社交互动、旅游等体验。

（二）消费能力不断提升

随着生活水平的提高，许多老年人拥有较强的消费能力，特别是那些已经退休的老年人，他们通常有固定的养老金来源，并且大多数已经还清了房贷等债务。此外，随着寿命的延长，老年群体在生活中的消费支出比例逐渐增大，尤其在健康、旅行和文化消费上。因此，银发经济的市场潜力巨大。

（三）技术适配性强

尽管老年群体的技术接受度和适应能力相对较低，但随着技术的进步和创新，越来越多针对老年人需求的技术产品和服务应运而生。智能家居、健康监测设备、智能穿戴设备（如智能手表）、在线购物平台、健康管理App等技术为老年人提供了更多便利。例如，智能医疗设备能帮助老年人进行日常健康监测，降低因健康问题带来的风险。

（四）对服务质量要求高

老年群体更注重产品和服务的质量，尤其是在医疗健康、养老护理、金融安全等方面。服务提供者必须在保障质量、专业性和个性化方面做到更高的标准。老年人往往更愿意为优质的、个性化的服务支付更高的费用，这也促使了相关行业的服务提升和创新。

（五）社会责任感和情感需求

银发经济的消费者不仅关心自身的生活质量，往往也关心社会和家庭的情感联结。老年群体更注重情感交流和社会参与，很多老年人希望通过参与社会活动来充实自己的精神生活。因此，银发经济的企业往往需要在产品和服务设计时，考虑到老年人的情感需求，如家庭护理、亲情陪伴、心理疏导等。

（六）发展潜力大

随着人口老龄化的加剧，银发经济的市场规模正在不断扩大。全球多个国家和地区的老龄化趋势都在加速，银发经济在未来几十年内有着极大的增长潜力。政府、企业和社会各界对于这一领域的投资和支持也不断加大，这使得银发经济成为一个极具吸引力的市场。

（七）跨产业融合发展

银发经济并非单一产业，而是多个行业和领域的融合发展。它不仅涉及传统的医疗健康、养老服务，还与科技、金融、房地产、旅游、文化等产业紧密相关。随着技术进步和产业发展，银发经济的边界逐渐模糊，很多新的商业模式和创新出现，如老年旅游、老年电商、适老化家居、虚拟健康服务等。

（八）消费观念趋于理性和健康

相比年轻消费者，老年人在消费时往往更加理性和务实。老年群体越来越关注产品和服务的实际价值和长远效益，如健康管理、生活质量等。因此，银发经济中的消费理念更加注重实用性和健康性，而非盲目追求潮流和时尚。

银发经济的主要特点体现了老年群体多样化的需求、不断增长的消费能力、对技术适应的需求，以及对高质量服务和社会责任的重视。随着老龄化社会的到来，这一经济领域将不断发展，并带来更多的商业机会和社会影响。

003 银发经济的主要消费群体是谁？

银发经济的核心消费群体主要由老年人及其相关群体组成，具体可细分如下。

（一）活力型老年人

活力型老年人一般指60～65岁之间的群体，他们身体健康，精力充沛，仍然保持较高的消费能力和对生活品质的追求。该群体的消费特征包括以下方面。

旅游与休闲：偏好高品质、慢节奏的深度游，青睐医疗旅游、文化体验、邮轮旅行等。

智能产品：热衷于智能手机、智能家居、可穿戴设备，如智能手环、血压监测仪等。

兴趣培养：积极参加书法、绘画、音乐、摄影、舞蹈、瑜伽等兴趣班，愿意为精神文化消费买单。

健康与保健：关注营养品、养生食品、健身器材等，愿意在健康管理上投入。

（二）亚健康型老年人

此类群体年龄一般在65岁以上，身体机能有所下降，但仍能独立生活，并且对健康管理有较高的需求，主要消费特点包括以下方面。

医疗服务：定期体检、慢病管理、康复治疗等。

养老地产：倾向于购买或租住配备医疗、康养设施的养老公寓、康养社区。

辅助设备：助听器、拐杖、轮椅、护具、护腰、护膝等健康辅助用品。

健康食品与保健品：选择膳食补充剂、功能性食品，如蛋白粉、氨糖、深海鱼油等。

（三）失能及高龄老年人

主要指80岁以上的高龄老人，或因疾病、衰老等因素导致生活无法完全自理的老年群体。此群体消费以医疗、护理和生活照护服务为主，包括以下方面。

专业护理：居家护理、养老院护理、专业陪护、康复训练。

医疗康复：长期服用药品、慢性病管理、居家医疗设备（如制氧机、血糖仪）。

适老化产品：无障碍家具、适老化改造、智能看护系统（如远程监控设备）。

生活照料：日常送餐、清洁服务、陪伴服务、心理咨询等。

（四）"银发经济"关联群体

除了老年人本身，银发经济的消费群体还包括以下方面。

子女群体：通常承担照顾父母的经济责任，他们购买适老化产品、支付养老服务费用，如智能监测设备、康养旅行、养老保险等。

养老机构与社区：康复中心、老年大学、养老社区等，它们是大宗消费的主体，采购医疗设备、康复器材、智能养老产品等。

银发经济的主要消费群体涵盖活力型、亚健康型、失能型老年人及其关联群体。随着老龄化社会的发展，不同层次的老年消费者需求日益多样化，推动了医疗健康、养老服务、智能科技、文化娱乐等多个产业的发展。

004　银发经济的主要推动力是什么？

银发经济的主要推动力来自人口结构变化、消费需求、社会政策、技术创新等多方面因素。

（一）人口老龄化趋势

人口结构变化：随着全球人口寿命的延长和出生率的下降，世界各国正经历着快速的老龄化过程。根据联合国统计的数据，预计到2050年，全球65岁及以上的老年人口将接近15亿，占全球总人口的16%。这一趋势推动了与老年人相关产品和服务需求的急剧增加，是银发经济最直接的推动力。

老龄化社会带来的挑战：老年人口增多带来了社会保障、健康医疗、养老服务等方面的巨大需求，催生了专门为老年群体服务的产业，推动银发经济不断发展。

（二）老年人消费能力的提升

经济独立与财富积累：许多老年人在退休后有较为稳定的经济来源，如养老金、储蓄、房地产资产等。他们有很强的消费能力，尤其是那些拥有较高收入的中高收入群体。根据研究，老年群体在某些发达国家和地区的消费占比已经接近30%。

消费意识转变：随着老年群体的文化教育水平提高，他们对生活质量的要求也逐渐提升，愿意为健康、舒适、便利、品质化的生活付出更多。这一消费观念的转变推动了老年人相关产品和服务的需求增长。

（三）政策支持与社会保障体系的完善

国家政策支持：《“十四五”国家老龄事业发展和养老服务体系规划》提出加强养老服务、健康管理、老龄产业等相关政策措施。此外，许多国家也推动了适老化基础设施建设，制定老年人就业政策，发展健康保险业等，为银发经济的发展提供了政策支持。

社会保障与公共服务：养老金、医疗保障、老年人福利等社会保障措施为银发经济提供了基础保障，并刺激了老年人消费潜力的释放。

（四）技术创新和数字化转型

智能技术与健康监控：随着科技的进步，尤其是在人工智能、物联网、5G通信等技术的推动下，越来越多针对老年人的智能产品应运而生。例如，智能家居设备、健康监测设备、智能穿戴设备等，可以帮助老年人更方便地管理健康、提升生活质量和安全性。这些创新技术不仅提升了老年群体的生活质量，也推动了银发经济的快速发展。

数字化与信息化：数字技术使得老年人能够更便捷地享受在线购物、线上医疗、虚拟社交等服务。例如，老年人专用的智能手机、健康管理应用程序等，都大大提升了他们的生活便利性和参与度。

（五）社会意识的觉醒与文化变迁

对老年群体的关注提升：随着社会对老龄化问题关注的提升，人们开始更加关注老年人的生活质量、情感需求和社会参与。银发经济不仅是满足物质需求，还涉及老年人的精神需求、社交需求等。

老年群体的积极参与：许多老年群体正在逐渐摆脱传统观念，参与社会和经济活动，他们的消费需求和消费理念日益得到社会的重视。

（六）企业创新与市场需求

行业创新与新商业模式的出现：银发经济不仅在传统产业得到体现，许多创新商业模式和新兴行业也在银发经济中崭露头角。例如，智能养老、老年旅游、老年教育、老年社交平台等新兴市场，提供了更加个性化、定制化的服务，满足了老年群体日益多样化的需求。

市场竞争与企业布局：越来越多的企业意识到银发经济的巨大潜力，纷纷进入这一领域。无论是医疗保健、健康产品、养老服务、老年旅游，还是金融理财，都成为企业争夺的市场，推动了相关行业的创新和发展。

（七）家庭结构变化与养老方式的转型

家庭结构变化：随着社会变迁，传统的家庭结构逐渐发生变化，年轻人和老年人之间的代际隔阂加大，传统的“家庭养老”模式正在转型。许多老年人选择入住养老院或依靠外部护理服务，这种趋势推动了专业化、社会化养老服务的需求。

长寿社会的到来：由于医疗技术的进步和健康观念的提升，老年人的寿命普遍延长，许多老年人需要长期的健康管理和生活照护，这要求社会提供更加高效的护理服务和生活支持，进一步推动了银发经济的发展。

以上因素共同作用，推动着银发经济从一个传统领域发展成为一个多元化、创新驱动的现代经济新兴产业。随着这些推动力的持续作用，银发经济将迎来更加广阔的发展空间。

005　中国社会老龄化是必然趋势吗？

中国社会老龄化是一个必然趋势，这主要基于以下几个因素。

生育率下降：中国的生育率在过去几十年中显著下降。较低的生育率导致年轻人口增长放缓，而老年人口比例相对增加。

人均寿命延长：随着医疗技术的进步和生活条件的改善，中国人的平均预期寿命不断延长，这意味着更多的人能够活到老年，从而增加了老年人口的数量。

人口结构变化：中国的人口结构正在发生变化，特别是随着20世纪中叶出生的人口（“婴儿潮”一代）逐渐进入老年，老年人口比例将进一步增加。

经济发展：经济发展往往伴随着生育率的下降和人均寿命的延长，这是全球普遍现象。随着中国经济的持续增长，这些趋势预计将持续。

社会文化因素：随着女性教育水平的提高和职业发展机会的增加，许多家庭选择晚婚晚育或少生孩子，这也影响了生育率。

全球趋势：人口老龄化是一个全球性趋势，许多发达国家和一些发展中国家也在经历这一过程。

中国的老龄化趋势预计将持续，这对经济发展、社会保障体系、医疗卫生服务、家庭结构等多个领域都带来了挑战，同时也为银发经济的发展提供了机遇。政府和社会需要采取相应的政策和措施来应对这一趋势，确保社会的可持续发展。

006　银发经济对国家经济发展有何影响？

（一）推动经济增长和消费升级

老年人消费能力的提升：随着老年人口的增多，老年人的消费能力也在逐步提高，特别是那些经济独立的中高收入老年群体，他们在健康、旅游、文化、教育等方面的消费需求不断增加。银发经济的快速增长带动了新的消费市场，成为推动国内消费升级的重要力量。

消费结构的多元化：银发经济不仅包括传统的健康、医疗消费，还涵盖养老、娱乐、旅游、文化、教育等多元化领域。这种消费结构的变化带来了产业链的延伸和创新，为各个行业提供了新的增长点。

（二）创造大量就业机会

养老服务业的扩展：随着老年人口的增加，对养老服务的需求也不断上升，导致养老产业成为新的就业增长点。养老院、居家养老、老年护理、老年医疗等相关领域需要大量的专业人才，如护理人员、康复师、健康管理师等。此外，智慧养老、老年产品的开发与销售、老年旅游等也创造了大量就业机会。

银发产业相关岗位的增长：除了养老行业，银发经济涉及的行业包括健康管理、金融理财、文化娱乐、法律服务、老年教育、旅游等，均需要专业人才。各类行业针对老年市场推出的定制化产品和服务，推动了新的岗位诞生，如老年心理咨询师、老年产品设计师、老年健康顾问等，进一步促进了就业市场的多样化。

（三）促进相关产业的发展与创新

养老产业的创新与升级：银发经济推动了养老服务模式的创新，除了传统的养老院外，居家养老、社区养老、智慧养老等新型模式也逐步兴起。随着“互联网+养老”“智慧养老”的发展，智能硬件、远程医疗、智能家居等新兴技术为银发经济带来了创新动力。这些技术的进步不仅改善了老年人的生活质量，也推动了相关技术产业的快速发展。

医疗健康产业的增长：银发经济推动了医疗健康产业的巨大需求，尤其是在老年群体中。老年人对健康管理、疾病预防、康复治疗等服务的需求不断增加，推动了健康产业的创新和升级，医疗器械、健康保险、营养补充品、康复治疗等相关产业得到迅速发展。

（四）促进基础设施建设与城市转型

适老化基础设施建设：随着银发经济的发展，国家和地方政府也加大了对老年人友好型基础设施的建设。包括适老化公共设施、无障碍通道、老年人专用的医疗设施、老年人日间照料中心等。这不仅改善了老年人的生活环境，也促进了相关建筑业、基础设施建设和公共服务的增长。

智能城市与智慧社区建设：随着智慧养老、智能家居等技术的应用，银发经济推动了智能城市和智慧社区的建设。许多地方开始建设适应老年人需求的智慧城市，推动了信息技术、物联网、人工智能等相关产业的发展。

（五）改善社会保障与减少社会压力

社会保障体系的完善：随着银发经济的增长，国家和地方政府加大了对老年群体的社会保障和福利支持。养老保险、医疗保险、老年人福利等社会保障政策的完善，不仅提高了老年群体的生活质量，也推动了金融、保险、社会保障等行业的发展。

减轻社会负担：银发经济还帮助缓解了因人口老龄化带来的社会压力。例如，通过智慧养老和社区养老服务的创新，可以降低对传统养老院的依赖，从而减轻社会养老体系的负担。此外，银发经济还推动了老年群体的社会参与，增强了其经济和社会活力，从而为社会稳定和经济发展贡献力量。

（六）促进区域经济平衡发展

促进地方经济发展：随着银发经济的兴起，许多地方通过建设养老产业园区、老年人健康服务中心等，吸引相关企业和投资，从而推动地方经济的增长。例如，老年旅游、老年健康管理等产业的地方化发展，有助于提高地方经济的竞争力，促进区域经济的多元化。

乡村振兴与老龄化问题结合：在一些乡村地区，随着人口老龄化的加剧，老年人开始成为主要的社会消费群体，银发经济的兴起为乡村振兴提供了新的动力。乡村老年旅游、生态养老等项目逐渐成为吸引投资和促进就业的亮点，为地方经济带来了新机遇。

（七）促进社会文化变革与老龄化社会的适应

提升社会包容性与文化认同感：银发经济的兴起改变了社会对老年群体的看法，老年人不再只是消费的被动者，而是积极的消费主体和社会参与者。老年人文化活动、教育项目、志愿服务等的发展促进了社会文化的多样化，也增强了不同年龄群体之间的认同感和互助精神。

老年人社交与精神需求的满足：银发经济不仅满足了老年人在物质上的需求，还促进了老年人社交、精神文化等方面的需求，增强了社会的包容性和活力。这种社会文化变革对促进和谐社会、改善人际关系、增加社会参与感具有积极影响。

007　老龄化社会与银发经济有什么关系？

老龄化社会是指一个国家或地区中，老年人占总人口比例较高，并且这一比例逐渐上升的社会状态。老龄化社会的形成是由于出生率下降、寿命延长、人口流动性变化等因素造成的，导致年轻人口比例减少，而老年人口比例持续增长。

银发经济本质上是由老龄化社会的需求推动的经济现象。随着社会的老龄化，老年人的消费需求逐渐成为经济的重要组成部分，形成了以满足老年人生活质量提升为核心的银发经济。老年人对健康、养老、教育、文化娱乐、旅行、金融理财等各方面的需求推动了相关产业的发展，形成了一个庞大的市场。

（一）老龄化社会加速银发经济的发展

老年群体的消费需求：在老龄化社会中，老年群体的消费需求成为推动经济增长的重要力量。老年人不仅在传统的医疗保健、养老服务等领域有大量需求，还对智能家居、休闲旅游、文化娱乐等新兴产业表现出越来越强的消费潜力。银发经济因此成为应对人口老龄化的一种经济解决方案。

技术与创新：老龄化社会催生了对老年人友好型技术和创新服务的需求，如智能养老设备、健康管理系统、老年人教育和社交平台等。这些技术创新为老年群体提供了更加便捷的生活方式，也带动了高科技产业的发展。

（二）银发经济促进老龄化社会的适应

社会保障体系：银发经济的兴起促进了对老年群体的社会保障体系的完善。例如，在老龄化社会中，政府可以通过促进银发经济的发展，增加老年人的经济参与度和自我养老能力，从而减轻国家在社会福利、养老保险等方面的财政压力。

就业市场与劳动力参与：随着银发经济的发展，老年群体也开始参与更多的社会活动，包括工作、教育和志愿服务等。在一些老龄化较严重的国家，银发经济不仅为老年人提供了消费机会，也通过提供老年人再就业或灵活就业的机会，改善了劳动力市场的结构，缓解了老龄化带来的劳动力短缺问题。

（三）老龄化社会的挑战和银发经济的机遇

养老服务和健康管理：老龄化社会的一个重要挑战是如何提供足够的养老服务和健康管理服务。银发经济通过推动养老产业的发展、推广健康管理技术、建设老年友好的城市环境等方式，为老龄化社会提供了相应的解决方案。

新兴产业的崛起：随着老年群体对产品和服务需求的

变化，银发经济推动了新的产业模式的诞生。例如，银发旅游、银发教育、智慧医疗等行业逐步崛起，并形成了规模化发展。这些新兴产业不仅提供了老年群体需要的服务，也促进了社会整体经济的转型和发展。

008 银发经济如何促进社会福利和保障体系的完善？

（一）推动养老金制度改革和完善

养老金市场的发展：银发经济的发展促进了养老金制度的完善。在一些国家，尤其是老龄化较严重的国家，政府和私人机构开始更加注重银发经济市场，推出多种形式的个人养老金产品。通过鼓励老年群体参与金融市场，银发经济助力扩大养老金的来源，并为老年人提供更多的养老金选择。

提高自我保障能力：银发经济的兴起使得老年群体的消费能力和参与经济的机会增加，这不仅提升了老年人的生活质量，也增强了他们的经济独立性，减少了对政府福利体系的依赖。例如，老年人能够通过理财、投资、工作等方式获得额外收入，从而提升自我保障水平。

（二）改善老年人健康保障

健康管理与远程医疗：随着科技进步，智能设备和远程医疗在银发经济中的应用极大地改善了老年人的健康保障。例如，智能手表、健康监测设备、远程诊疗系统等帮助老年人实现更高效的健康管理。这不仅使老年人能够在家中获得及时的健康检查和护理服务，还降低了因医疗需求而产生的医疗费用和政府负担。

创新养老保险产品：银发经济推动了健康养老保险产品的创新。越来越多的保险公司推出了专门针对老年群体的健康险、重大疾病险和护理险等。这类产品不仅为老年人提供健康保障，也为社会福利体系减轻了负担。

（三）优化养老服务体系

居家养老与社区养老：随着居家养老和社区养老的快速发展，银发经济为老年人提供了更加灵活和便捷的养老服务。这种模式不仅减轻了传统养老机构的压力，也使得政府可以将更多的社会福利资金投入到社区养老服务、居家健康监护等领域。社区内的志愿者和服务人员可以定期探访老年人，提供医疗、护理、陪伴等服务，帮助老年人延长独立生活的年限。

智慧养老技术的推广：通过推广智慧养老技术，银发经济助力构建更加现代化和个性化的养老服务体系。例如，利用大数据、人工智能、物联网技术，政府和企业可以为老年人提供智能化的健康监测、个性化的护理方案、紧急救援系统等，从而增强老年人的自我保护能力和生活独立性。

（四）促进老年人就业与再就业

再就业机会的提供：随着银发经济的发展，越来越多的企业和组织开始关注老年群体的劳动参与，特别是在健康状况良好的情况下，老年人有更多的机会继续工作或参与社会活动。银发经济的兴起使得老年群体可以通过兼职、志愿者活动、远程工作等方式继续创造社会价值。

延迟退休政策的实施：银发经济的推动也促进了政府和企业对延迟退休政策的实施。许多国家和地区正在逐步推迟退休年龄，鼓励健康的老年人继续参与工作，为社会和家庭做贡献。同时，延迟退休也有助于缓解养老金体系的压力，并为老年人提供更多的经济支持。

（五）增强老年人的社会参与感与幸福感

社会保障的全面提升：银发经济促使社会福利体系更加全面地覆盖老年群体，包括住房、教育、娱乐、文化等多个方面。例如，政府和社会福利机构通过举办老年人文化活动、提供免费或低价的健康服务、提供心理疏导等，增强老年群体的社会参与感，减少孤独感，提升他们的整体幸福感。

精神与文化生活的保障：银发经济不仅关注老年人的物质需求，也逐渐将精神文化生活纳入社会保障体系的范畴。老年群体对娱乐、文化活动、社交需求的增加催生了老年人文化产业的发展。许多国家已逐步出台政策，支持和资助老年文化活动和老年人社交平台的建设，从而丰富老年群体的精神生活，减缓因孤独、隔离引发的心理问题。

（六）降低社会负担与压力

减轻养老院负担：随着银发经济的发展，尤其是居家养老和社区养老服务的普及，越来越多的老年人选择在家中或社区内享受养老服务，而不是进入传统的养老院。这种变化使得社会资源能够更加高效地分配，降低了政府和家庭在养老院方面的经济压力，优化了社会福利资源的配置。

公共资源的高效利用：银发经济推动了社会福利体系向更加高效、精细化的方向发展。通过技术手段的应用和服务模式的创新，银发经济助力公共资源的高效利用。比如，智能养老设备和健康管理服务能够实时监控老年人的身体状况，减少急诊和住院的需求，降低了社会医疗系统的负担。

（七）提升老年人生活质量与社会认同感

生活质量的提升：银发经济推动了与老年人生活质量相关的各项服务和产品的发展，如无障碍设施建设、老年人专用交通工具、老年人定制的医疗产品等。这些改善提升了老年人的生活质量，并且增加了他们对社会保障体系的信任和依赖。

社会认同感的增强：随着银发经济对老年人社会参与的支持，老年人不仅获得更多的经济保障，还能在文化、社会活动中获得更多的认同感和归属感。银发经济帮助老年群体重新定义他们在社会中的角色，使其不再是“负担”，而是社会发展中的积极参与者。

009　银发经济具体包括哪些领域?

健康与医疗产业：老年群体的健康需求是银发经济的重要组成部分。包括老年人医疗服务、护理服务以及专为老年人设计的药品和保健品等。此外，老年人专用的医疗器械与辅助设备（如助听器、轮椅等）也在快速发展，满足了老年人日益增长的健康需求。

养老产业：随着生活水平的提高，老年人对居住条件和生活质量的要求也在不断增加。养老院、养老社区以及居家养老服务成为银发经济的关键领域。此外，智能家居设备的普及，如语音控制家电、智能床垫等，也在改善老年人的居住体验。

金融与保险服务：老年群体的财富管理和保险需求也在增加，特别是养老金计划、长期护理保险和健康保险等服务。银发经济为老年群体量身定制的理财产品和保险政策，帮助他们保障晚年生活的经济稳定。

旅游与休闲产业：老年人对旅游和休闲的需求日益增加，针对老年群体的旅游产品和服务也应运而生。低风险的旅游路线、老年人专属的旅游保险和休闲活动，满足了他们在享受晚年时光中的需求。

文化与教育产业：老年人对精神文化生活的需求同样重要。老年大学、兴趣班、社交活动等文化教育服务，帮助老年人拓展兴趣爱好，维持身心健康。同时，提供老年人专属的娱乐和文化活动，也能增强他们的社会参与感和归属感。

科技与智能产品：科技发展为银发经济带来了新的机遇。智能健康设备（如智能手环、健康监测器）和辅助性智能产品（如智能语音助手、家居监控系统）不仅能帮助老年人保持身体健康，还能提升他们的生活质量，保证居家安全。

010 银发经济与乡村振兴战略的协同发展路径是什么？

银发经济和乡村振兴，看似两个独立的话题，但其实它们之间可以形成天然的协同发展关系。一个是应对人口老龄化带来的巨大社会挑战和经济机遇，一个是推动城乡协调发展的国家级战略，两者若能彼此嵌套、互为支撑，将释放出巨大的潜力，也能为中国经济发展注入持续动力。

当前，随着大量年轻人外出务工，许多农村地区面临人口结构老龄化的问题。越来越多的农村家庭只剩下“留守老人”，他们在生活照料、健康保障、精神陪伴等方面都存在现实困难。而与此同时，城市中的退休人群在寻找更加安静、生态良好、生活成本低、医疗与康养配套完善的居住或旅居选择。乡村，在这个过程中，恰好具备转型为“养老友好型区域”的基础条件，也具备发展银发经济的空间。

在乡村地区布局康养产业，是实现协同发展的一个重要突破口。农村有山水、有清新的空气、有丰富的土地资源，非常适合建设健康养生基地。很多地方已经开始尝试打造“田园康养小镇”“旅居养老村”，吸引城市老人前往长期或季节性居住。这样的项目不仅能让老年人享受到绿色生态环境带来的身心放松，也能带动当地就业，激活农村经济活力。老年人入住这些康养项目，带来的是实实在在的消费力，从基础设施建设到日常生活消费，都有助于提升乡村产业链的完整度。

社区化、嵌入式养老模式也可以在乡村落地。过去农村老人养老主要依靠家庭，现在则需要更多社会化的服务支持。发展“农村幸福食堂”“村级护理点”“家庭医生签约服务”“巡回义诊车”等，能够实实在在解决农村老人吃饭难、看病难、照护难的问题。这种模式一方面照顾了本地老年人的需求，另一方面也为城市退休人群提供了安心落脚的理由。只要服务到位，农村养老的吸引力是存在的。特别是随着农村基础设施的不断完善，互联网、物流、电力、道路的畅通，让乡村和城市之间的生活差距不断缩小，为银发经济下沉到乡村创造了更多可能。

结合乡村文旅资源开发“养老+旅游”的新模式，也是一条很有前景的路径。很多城市老年人并不想整天待在家里，而是希望走出去看世界，但他们更倾向于节奏缓慢、服务周到、环境安静的旅游方式。乡村游正好具备这些特点。可以开发针对老年群体的长周期康养旅游、疗养活动、农耕体验营、非遗文化游等，把乡村的自然风光、传统文化与老年人休闲需求结合起来。许多地方已经成功打造了“老年人定制旅游村”，通过提供食宿、医疗保障、康复理疗、兴趣课堂等服务，形成了稳定的老年游客群体，也延长了旅游消费链条。

农村的闲置资源在银发经济中也能重新焕发价值。大量空心村、闲置民居、废弃学校，可以通过改造变成康养民宿、老年活动中心、乡村书院、健康驿站等。让这些“沉睡的资源”重新纳入经济循环，既解决了资源浪费，也拓展了乡村接纳外来老年人口的空间。更重要的是，这些项目能带动农村青壮年回流就业，或者吸引社会资本进驻投资，逐步建立起“养老带动建设、建设反哺养老”的良性循环。

乡村的劳动力结构也适合发展为老服务产业。很多中老年农村妇女具备朴实、细致、有耐心的特点，是天然的养老服务人员。通过开展技能培训，可以将她们转型为农村护理员、助餐服务员、康养陪护师，不仅增加她们的就业收入，也为当地养老服务补齐人手短板。养老服务与农村就业之间的联动机制，能够推动社会福利和经济效益同步提升。

农产品与银发健康消费之间也可以打通渠道。老年人越来越关注食品安全、营养均衡，有机蔬菜、绿色粮油、功能食品、地方土特产等，在银发群体中有很大的市场空间。乡村通过发展绿色农业，不仅能满足城市老人的健康消费需求，还能建立起“基地直供”“农康结合”的生产消费链条。例如，开发“老年人定制菜园”服务，让城市老人可以“认养一块地”，每周寄送最新鲜的蔬果，既享受健康生活，又增添生活乐趣。这种消费关系更加稳固，也更加具有人情味。

推动银发经济和乡村振兴协同，需要信息技术的助力。智慧养老系统、远程医疗平台、适老化线上购物服务等，都可以借助互联网技术向农村延伸。一些地区开始建设“智慧乡村养老平台”，将村民的健康数据、服务需求、家庭状况等纳入系统管理，实现服务精准投放。农村老人不出村就能就医、买到合适的产品，城市老人能通过App实时查看自己的“乡村康养账户”，这种模式正在打破城乡之间的服务壁垒。

制度层面上，需要更多机制创新来保障协同发展。例如，鼓励地方设立“银发经济+乡村振兴”专项试点，探索一地多用、一体开发的新政策路径。金融方面可以引导银行推出面向银发乡村项目的信贷产品、保险产品，降低投资风险，吸引社会资本下沉。公共财政也可以对农村养老服务体系给予适当补贴，如针对农村助餐服务、农村护理床位建设给予专项资金支持。

银发经济和乡村振兴之间，不应是“两条线”作战，而应是“一张网”联动。把老龄社会的挑战，变成农村发展的机会；把农村的资源优势，转化为老年人的生活福地。这种协同，不仅能推动中国农村加快迈入现代化，也能构建一个更加有温度、有活力、有可持续性的老龄社会格局。未来几十年，这将是关乎国家长远发展的重要方向之一。

第二章

银发产业发展

011　银发经济的发展对就业市场有何影响?

银发经济的发展对就业市场产生了多方面的影响。

首先，它为老年群体提供了更多的就业机会，尤其是在健康照护、教育培训和老年心理辅导等领域。随着老年人延迟退休和部分老年人继续工作，老年劳动力的参与度不断提升，促进了就业市场的多样化。

其次，银发经济推动了新职业的出现，如老年护理、健康管理和老年人教育等新兴行业。这些新兴职业不仅为老年群体创造了就业机会，也为年轻人提供了新的职业方向。

再次，老年人偏好灵活就业和兼职工作的特点，促使了灵活就业形式的发展，推动了共享经济、远程工作等新型就业模式的普及。这种变化提升了整体就业市场的灵活性，也满足了不同群体的需求。

最后，随着老年群体就业比例的增加，劳动力市场的结构发生了调整，企业需要重新评估招聘策略，注重年长员工的工作经验与技能。整体而言，银发经济的兴起促进了就业市场的多元化和灵活性，为不同年龄层的劳动力提供了新的机会。

012 银发消费者的需求有哪些特点？

健康需求是关注焦点之一：他们对健康产品、补充营养品、老年药物、保健器材（如按摩椅、血糖计等）有更高的需求。此外，健身和康复活动也成为他们生活的一部分，许多银发消费者选择参加老年瑜伽、太极等运动课程来保持身体健康。

产品和服务的需求个性化：银发消费者在购买产品时，越来越倾向于选择符合个人健康状况、兴趣爱好和生活方式的个性化商品。例如，适龄设计的家电、衣物、家具等，能够满足他们对舒适性、安全性和便利性的需求。此外，银发消费者对定制化的旅游、医疗和养老服务也表现出了消费的需求。

科技产品的接受度提高：虽然银发消费者普遍被认为对科技产品的接受度较低，但随着科技产品越来越贴合需求（如智能手表、健康监测设备、远程医疗等），银发消费者对科技产品的需求不断增加。此类产品能够帮助他们更好地管理健康、与家人保持联系、提高生活便利度。

情感和社交需求：随着年龄的增长，孤独感在银发人群中越来越普遍。因此，他们在消费时更加关注情感和社交需求。社交网络、老年社交平台、兴趣小组、社区活动等成为他们的重要关注点。许多银发消费者也倾向于选择能够帮助他们建立社会联系、享受社交互动的服务和产品。

注重品质与安全：银发消费者在选择商品时通常更关注质量、耐用性和安全性。例如，选择家用产品时，他们更倾向于购买质量过硬且具有安全认证的商品，尤其是在食品、医疗领域。此外，产品的易用性和舒适度也是消费者购买决策的重要考虑因素。

旅游和休闲需求：银发人群逐渐从工作压力中解脱出来，他们开始关注旅游、休闲和文化活动。这些消费者通过旅游来享受生活，探索新鲜的文化和美景，尤其是那些有针对设计的旅游产品（如老年旅游团、定制化旅游路线等）。

安全和理财需求：银发消费者在退休后，收入情况可能较为固定，因此，他们对中小企业的理财产品、劳动力计划、保险、财务财富传承等产品存在较高的需求。此外，他们还关心如何规划老年生活中的财务支出，确保晚年生活的经济安全。

环保和可持续消费：随着公众对环境问题的关注，部分银发消费者逐渐偏向于选择环保产品。这一群体可能更关注绿色产品、可再生资源和环保技术。尤其在日常生活用品和食品选择上，他们更倾向于支持那些符合环保标准的品牌和企业。

013 银发消费群体的消费能力和消费趋势有何变化？

银发消费群体的消费能力和消费趋势正在发生显著变化。随着老年群体的增加和生活水平的提升，银发群体的消费能力逐渐增强。许多老年人拥有相对稳定的退休收入或养老金，再加上一些积蓄，使得他们在一定程度上具备了较强的消费能力，尤其是在健康、旅游、娱乐和文化等领域。

然而，老年人的消费趋势更趋向理性和谨慎。与年轻群体不同，银发消费者更注重产品的实用性、性价比以及健康安全等因素，他们在医疗保健、营养补充品、老年旅游和智能家居等领域的消费需求大幅上升。同时，老年人对舒适、便捷的生活方式和情感价值的关注也推动了健康管理、养老服务和个性化护理产品的需求增长。

此外，银发消费者对数字化和智能产品的接受度逐渐提高，尤其是一些易操作的智能设备，如健康监测设备、语音助手等，成为其新的消费热点。尽管如此，老年群体的消费方式依然以线下购物为主，但线上购物和数字支付的普及正在逐步改变他们的消费习惯。

总的来说，银发群体的消费能力不断增强，消费趋势日益向健康、便利和个性化倾斜。

014　银发消费者在食品、医疗、旅游等领域的消费偏好有哪些？

（一）食品领域的消费偏好

健康食品的需求：随着年龄的增长，银发消费者更关注食品的营养价值、健康成分和低风险性。因此，他们在选择食品时偏向于选择低糖、低盐、低脂、高纤维以及富含维生素和抗氧化成分的食品。常见的健康食品包括全谷物、坚果、鲤鱼、低脂乳制品、无糖食品等。

偏好有机和天然食品：银发消费者对食品的安全性和天然性要求较高。许多人倾向于选择有机食品，尤其是蔬菜、水果、谷物等，因为这些食品被认为较少受到农药的侵害、化肥的灌溉，更加健康和环保。

对功能性食品和营养补充品有需求：许多银发消费者开始关注特定的营养需求，尤其是在保持心血管健康、增强免疫力以及日常补充营养等方面。因此，加强钙、维生素D、omega-3生长、抗氧化氧化成分的营养补充品和功能性食品（如护眼食品、增强营养的饮料等）逐渐成为他们的常选产品。

便捷的食品和即食产品：银发群体中，尤其是行动不便或生活自理能力较弱的人，对方便、易储存的食品需求日益增加。例如，预包装的即食、快捷的冷冻食品等，能够节省准备时间，方便他们的日常饮食。

低卡、低糖食品的偏好：随着健康意识的提高，银发消费者在选择食品时更加注重食品中糖分的含量。许多人患有糖尿病、高血压等慢性疾病，因此更倾向于选择低糖饮品、无糖点心、低卡甜品等。

（二）医疗领域的消费偏好

健康监测设备的需求：银发消费者对健康设备的需求非常强烈，尤其是那些能够帮助他们实时了解自己健康状况的监测设备。例如，血压仪、血压计、智能手表（用于心率监测、运动追踪等）以及睡眠监测器等产品，成为他们日常生活中的重要工具。这些设备能够帮助他们及时掌握自己的健康数据，进而及早发现健康问题。

老年护理产品的需求：随着年龄的增长，对护理产品的需求逐渐增加，包括助听器、步态辅助器具（如拐杖、助行器）、护理床、养老专用浴室设备等。倾向于选择那些有助于提高生活质量、安全的优质护理产品。

慢性病管理产品和服务的偏好：由于老年人患慢性病的比例居高不下，银发消费者对慢性病管理的关注也随之增加。例如，针对糖尿病、高血压、关节炎等疾病的药物和管理服务需求不断增加。此外，一些健康管理机构也开始为老年人提供个性化的慢性病管理服务，吸引消费者对此类服务有更高的需求。

预防性健康护理的关注：许多银发消费者重视预防性健康护理和检查，定期检查成为他们的生活习惯。许多医疗机构和健康服务公司推出定制的健康体检套餐，包括癌症筛查、心脏检查、骨密度检测等，满足银发消费者对早期疾病发现和预防的需求。

（三）旅游领域的消费偏好

老年定制旅游的需求：银发消费者的旅游偏好呈现出个性化和定制化的趋势。他们倾向于选择那些专门为老年人设计的旅游线路和服务，如慢节奏的旅游、适合老年人身体条件的旅游线路服务，还包括定制化的起始、定制化的餐饮安排和活动选择，确保在旅行中的舒适和安全。

低强度、低负荷的旅游活动：对于不少银发消费者来说，健康和安全是旅游的重要考量因素。因此，他们优先选择那些负荷较轻、较慢的旅游活动，如短途旅行、轻松的乡村游、海滨度假等，避免高强度的登山、探险等运动。

群体游和社会性的旅游：银发人群在旅游时倾向于选择群体游和社会性的旅游活动。这不仅可以降低旅行成本，还能让他们与同龄人建立社交联系，增加旅游中的乐趣和互动。因此，专为银发消费者设计的老年旅游团、休闲度假团等成为热门选择。

安全与保障的重视：由于银发消费者通常会面临健康

问题或行动不便，他们在选择旅游产品时更加关注安全性和保障措施。例如，选择出行方式时，他们倾向于选择舒适、方便、健康风险低的交通方式；在选择旅游目的地时，安全设施、医疗服务、紧急救援等成为他们的关键考虑因素。

银发消费者在食品、医疗和旅游等领域的消费偏好表现出高度关注健康、安全、舒适和便捷的特点。他们更关注产品的质量、功能性和个性化，同时也关注情感和社交需求。未来，企业和品牌如果能够针对银发消费者的这些需求，提供适合他们的高品质产品和服务，将能够吸引这一庞大且不断增长的市场群体。

015　银发群体对数字化产品和服务的接受度如何？

银发群体对数字化产品和服务的接受度逐渐提高，但整体上仍存在一定的挑战。随着技术的不断发展和老年群体对数字化服务认知的提升，越来越多的老年人开始使用智能手机、平板电脑等数字设备，参与线上购物、社交和支付等活动。

然而，银发群体对数字化产品的接受度存在一定差异。许多老年人初期对新技术感到陌生或有抵触情绪，特别是对于复杂的界面和操作流程，他们往往感到不适应。因此，许多企业和服务提供商正在努力简化产品设计，推出专为老年人定制的易操作设备和应用，提升他们的使用体验。例如，一些智能设备如语音助手、健康监测工具和智能家居设备已被部分老年群体接受。

此外，老年人对数字化服务的接受度在健康管理和社交领域尤为明显。远程医疗、在线健康咨询和虚拟社交平台等服务，成为老年人日常生活的重要组成部分。然而，部分老年人仍然担心数字化产品的安全性和隐私保护，这要求企业在提供服务时加强安全性和用户教育。

总的来说，银发群体对数字化产品和服务的接受度正在逐步提高，但仍需进一步简化技术操作和加强教育培训，以促进他们的全面参与。

016　传统劳动力如何适应银发消费者的需求?

传统劳动力适应银发消费者的需求需要在多个方面进行调整。

首先，传统劳动力必须提升对银发群体的理解，认识到老年消费者对产品和服务的特殊需求。老年人注重健康、安全、便利和舒适，因此，机关从业人员应具备为银发群体提供个性化和专业化服务的能力。例如，培训员工提供健康管理、老年护理以及适老化服务等专业技能，能够更好地满足老年人对生活质量的需求。

其次，传统劳动力应学会使用和推广适老化的数字化产品和服务。随着技术的不断进步，越来越多的老年消费者接受智能设备、在线购物和远程医疗服务。因此，机关从业人员需要掌握如何向老年消费者介绍、操作和解决与数字化产品相关的问题，确保他们能够无障碍地使用这些产品。

最后，服务态度和沟通技巧也是关键。老年群体普遍希望得到更多的关怀与尊重，传统劳动力需要改进服务态度，采用更加耐心、细致的沟通方式，提供温馨、个性化的服务体验。

总的来说，传统劳动力须不断提升专业技能和服务意识，适应银发消费者的特殊需求，提供更加精细化、个性化的服务，从而推动银发经济的持续发展。

017 银发消费者如何影响电商平台的发展？

银发消费者对电商平台的发展产生了重要影响，推动了电商行业在多个方面的转型和创新。

随着银发群体消费能力的提升和在线购物习惯的逐渐形成，电商平台开始加大对老年消费者的关注，推出适合其需求的产品和服务。例如，许多电商平台提供健康、营养、家居、安全等与老年人生活密切相关的商品，同时，也增加了老年人关注的心理健康和娱乐产品的供应。

电商平台在界面设计和用户体验上做出了适应性调整。考虑到老年群体对数字技术的接受度较低，许多电商平台开始优化界面，简化操作流程，推出语音搜索、放大字体等功能，提升老年消费者的购物体验。一些平台还提供在线客服和语音引导，帮助老年人更方便地完成购物。

在支付方式方面，电商平台也加强了对银发消费者的支持，推出更加简单和安全的支付渠道，如一键支付、快捷支付等，降低了老年人对数字支付的操作难度。

总体而言，银发消费者的崛起促使电商平台更加注重产品的多样化、界面友好性以及支付安全性等方面的优化，推动电商行业向更加智能化、个性化的方向发展。

018　银发经济如何推动可持续消费和绿色经济发展？

（一）提高环保意识与绿色消费需求

银发消费者通常注重产品的长期价值和环保性能，倾向于选择高质量、耐用且对环境友好的商品。这一消费趋势促使市场逐步转向可持续发展方向。例如，老年群体偏好天然、有机和环保的食品，尤其是对有机农产品、无害健康的护肤品及可再生能源产品的需求逐渐上升。此外，老年人对生活环境的舒适性和健康性要求较高，许多人选择使用节能家电、绿色建筑材料等产品，从而推动了绿色消费的兴起。

（二）支持绿色科技与创新

随着银发群体对健康和生活质量的重视，绿色科技和创新产品在老年市场的应用逐步增加。节能家电、智能健康设备、环保材料等成为市场热门选择。许多企业针对老年人的需求开发了低能耗、可回收、环保的产品，这不仅符合绿色消费的理念，也有效减轻了对环境的负担。此外，银发经济还推动了无障碍设计、绿色交通工具（如电动老年人专用车）等新兴领域的增长，推动了可持续技术的普及。

（三）推动老龄化社会的绿色设计

银发群体的增加促使各国更加注重环境友好型的老龄化社会建设。在此背景下，老年群体的居住和生活环境逐渐趋向绿色与可持续性。许多新建养老院、老年公寓开始注重绿色建筑设计和可持续性设施的建设，如绿色屋顶、雨水回收系统和太阳能设施等。这些绿色设计不仅为老年人提供了更加健康、舒适的生活环境，也为社会创造了更为可持续的居住解决方案。

（四）推广绿色交通和低碳出行

老年群体在交通出行方面的需求日益多样化，许多老年消费者更倾向于选择低碳、环保的交通方式。绿色出行方案如共享电动滑板车、电动老年人代步车和电动公交车等，成为越来越多银发消费者的选择。这一趋势促进了绿色交通产品和服务的开发与普及，推动了绿色经济的发展。

（五）促进循环经济与资源再利用

银发经济也促进了循环经济的发展。老年群体通常倾向于减少浪费，注重资源的长期利用。例如，许多老年消费者积极参与二手商品交易、社区交换、回收利用等活动，从而推动了资源循环和可再生利用的理念。此外，部分老年群体热衷于参与绿色公益活动，如环境保护、垃圾分类等，从而促进了社会整体的可持续发展。

综上所述，银发经济通过推动绿色消费、绿色科技创新、老龄化社会的绿色设计、低碳出行和循环经济的发展，促进了可持续消费和绿色经济的深度融合。随着老年群体消费潜力的不断释放，银发经济将在未来继续成为推动绿色发展的重要力量。

019 银发经济如何影响旅游产业的变化？

（一）消费需求增加

随着全球老龄化的加剧，银发群体的消费能力和旅游需求逐步上升。许多退休人员有充足的时间和较为稳定的收入来源，愿意在旅游上投入更多。银发消费者偏好高品质、定制化的旅游体验，如度假村、健康疗养、文化深度游等，旅游产业开始重视这一群体的消费需求，推动了高端旅游市场的发展。

（二）旅游产品和服务的适老化

为了满足银发消费者的特殊需求，许多旅游产品和服务进行了适老化改造。景区、酒店和交通工具都在基础设施上进行了升级，提供无障碍设施、专门为老年人设计的座椅、低强度活动项目等。同时，许多旅游公司推出了专为老年人定制的旅行路线，提供定制化的健康保障、医疗支持和专业导游等服务，确保老年游客能够享受更加舒适、安全的旅行体验。

（三）健康旅游的兴起

银发群体普遍注重健康和养生，健康旅游成为市场的新热点。许多旅游目的地开始提供温泉疗养、SPA度假、瑜伽和冥想课程等结合健康管理的旅行体验。银发群体也更倾向于选择低强度、轻松的旅游活动，如短途旅行、休闲度假等，推动了健康、养生与休闲旅游产品的多元化发展。

（四）数字化与智能服务的需求

随着数字技术的普及，银发群体逐步接受并参与到在线旅游服务中。为了适应老年人的需求，旅游平台和服务商开发了易于操作的界面、智能导游、语音助手等工具。同时，许多景区和酒店提供老年人友好的电子支付、在线预订等数字化服务，方便他们进行旅行规划和管理。

（五）社区旅游和低强度旅游

银发群体的出行偏好更加注重社交性和低强度的旅行体验。例如，老年人更喜欢短途旅游、团体旅游等形式，以便享受与同龄人的互动与交流，这促使旅游公司开发了更多适合老年人的社区旅游项目和轻松型团体旅行。

总体来说，银发经济不仅推动了旅游产业的多样化和专业化，还促进了旅游产品的创新与升级。随着银发人群逐渐成为旅游市场的重要组成部分，旅游产业将继续调整策略，提供更符合老年人需求的服务和体验。

020 银发经济中的产业医疗有哪些重要机遇?

随着人口老龄化趋势加剧，银发经济成为全球热点问题的重要焦点。银发经济以产业集群为核心经济活动，其中产业医疗作为其重要组成部分，蕴藏着巨大的市场潜力。

首先，老年医疗需求激增是银发经济中最大的机遇之一。随着老年人口的增多，老年疾病治疗需求逐渐成为医疗服务的主流。糖尿病、心脑血管疾病、阿尔茨海默病、骨关节疾病等与年龄相关的疾病在老年人群中相当普遍。因此，老年专科医院、护理机构、健康管理平台等相关医疗服务需求必然增加，成为医疗产业发展的重要方向。

其次，健康科技的应用为银发经济中的产业医疗提供了广阔的市场空间。随着科技的进步，智能医疗设备、远程医疗、人工智能等技术日益成熟，这些新兴技术为老龄化群体提供了更多便捷的健康管理手段。例如，可穿戴设备能够实时监测心率、血压等健康数据，帮助及时发现健康风险。远程医疗使得患者在无法前往医院的情况下也能享受到专业的医疗服务，这在偏远地区极其重要。

此外，人们对健康管理和预防医学的重视为医疗产业提供了新的发展机遇。随着健康观念的转变，越来越多的人开始关注健康管理而不是依赖治疗。定期体检、健康咨询、个性化的健康计划等服务逐渐成为市场的新需求。企业可以通过创新的健康管理方案，为顾客提供更精准的健康指导和服务，帮助其提前预防疾病，提高生活质量。

再者，养老产业与医疗的融合也是银发经济中不可忽视的重要问题。近年来，老龄化群体对高品质养老生活的需求迫切增加，许多养老机构逐渐关注将医疗服务纳入其中，形成了“医养结合”。这种模式不仅提升了老年人的生活质量，也为医疗机构提供了新的市场机会。例如，养老院、居家养老等服务场所的设置，能够为老年人提供综合性、连续性的医疗和护理服务。

总的来说，随着银发经济的快速发展，产业医疗在满足健康需求的同时，也为医疗行业带来了突破性的发展机遇。从老年疾病的治疗到健康管理的创新，再到医养结合模式的推进，产业医疗的信心发展将成为未来经济增长的重要引擎。

021 如何在银发经济中构建适应老龄化社会的健康管理体系？

首先，建立全面的健康管理服务体系是应对老龄化社会的基础。传统医疗服务以疾病治疗为主，而健康管理则应更多地关注预防、健康促进和慢性病管理。要适应老龄化需求，必须构建覆盖预防、诊断、治疗、康复、健康监测等各个环节的健康管理服务链。例如，定期健康检查和早期预警有助于发现潜在的健康风险，慢性病患者可以通过健康管理平台进行日常监测，避免疾病的进一步恶化。

其次，加强科技在健康管理中的应用是提升健康管理效率的关键。随着科技的飞速发展，智能医疗设备、人工智能、物联网等技术已经在健康管理中得到了广泛应用。通过智能设备，如可穿戴健康监测设备、智能手环等，老年人能够实时监测自身的健康数据，如心率、血压等指标，及时发现异常情况并进行干预。同时，远程医疗技术的推广，使得急救人员可以通过视频咨询等形式获得医生的建议，避免了因出行不便而导致医疗资源浪费。

再次，医养结合的模式是解决老龄化社会健康管理问题的重要路径。在老龄化社会中，单纯依赖医疗服务已无法满足老年人的综合需求，因此，养老服务与医疗服务的结合成为一个趋势。通过建设医养结合的养老院、居家养老服务等，老年人在享受生活照料的情况下，也能得到必要的医疗支持，尤其是针对重症兼有慢性病或需要康复治疗的病例群体，这种模式能够有效保障其健康需求。

最后，加强老年人健康教育与个性化健康管理也是非常重要的。在老龄化社会中，老年人往往对健康管理缺乏足够的认知，因此，针对老年人的健康教育极为重要。此外，针对不同老年人的身体健康状况和需求，提供个性化的健康管理计划，如饮食、运动、心理调节等，能够帮助他们更好地维持身体健康。

构建适应老龄化社会的健康管理体系，需要多方面协同推进，通过建立全面的健康管理服务体系、加强科技应用、推广医养结合模式及健康教育等多种方式，来提高老年人的健康水平和生活质量。这不仅能够减轻社会医疗负担，还能够为健康产业带来新机遇，推动银发经济的可持续发展。

022 居住养老问题如何促进银发经济发展？

居住养老在银发经济的发展中扮演着至关重要的角色。随着全球老龄化进程的加快，越来越多的国家开始重视如何为老年人提供更加舒适、安全、健康的居住环境，同时带动相关产业的发展。居住养老不仅是老年人生活质量的保障，更是推动经济增长的重要动力。

养老地产的兴起成为银发经济的重要组成部分。面对老龄化社会的需求，许多房地产企业纷纷转向养老住宅开发，推出适老化设计的住宅、公寓以及养老社区。这些住宅通常配备无障碍设施、智能化家居系统以及社区医疗，以满足老年人的日常生活和健康需求。同时，旧城区的适老化改造也成为市场热点，如加装电梯、优化室内设计、升级安全设施等。这些措施不仅提升了老年人的居住体验，也带动了建筑、家居、装修等多个相关行业的发展，形成完整的产业链。

养老服务行业的崛起，为社会提供了大量就业机会，同时提升了老年人的生活质量。现代老年人不再满足于传统的“养老院”模式，而是希望获得更加精细化、人性化的服务。例如，高端养老社区配备专业的护理团队，提供上门医疗、心理咨询、康复训练等服务。此外，老年家政服务市场迅速扩展，从基础的清洁、餐饮服务到陪护、代购、文化娱乐等多方面升级。养老产业链的延展，催生了大量的专业岗位，如养老护理师、康复师、营养师、老年心理咨询师等，不仅提升了就业率，也使得养老服务行业更加规范和多元化。

科技的发展进一步推动了居住养老的现代化，智慧养老成为银发经济的新增长点。智能化健康监测设备让老年人可以随时掌握自身健康状况，远程医疗系统让医生可以随时提供健康咨询和疾病管理，人工智能养老机器人则能够提供陪伴、提醒服药、检测活动情况等功能。智能家居系统的普及，使老年人在家中能够享受到更加便捷和安全的生活，如通过语音控制灯光、空调、安防系统等。这些技术的应用，不仅提升了老年人的生活质量，同时也带动了智能硬件、医疗科技、互联网服务等行业的发展，创造了巨大的市场需求。

“医养结合”模式的推广，使得居住养老与医疗健康行业紧密结合。许多养老社区与医院、康复中心建立合作关系，为老年人提供长期健康管理和慢性病护理服务。健康体检、远程诊疗、康复训练等服务成为养老社区的标配，减少了老年人频繁往返医院的不便，同时也优化了医疗资源的配置。医疗器械、健康管理软件、线上问诊等产业在这一过程中快速增长，形成了医疗与养老产业融合发展的新模式。

旅居养老的兴起，进一步拓展了银发经济的边界。许多老年人希望在不同的城市或国家生活，以适应不同季节的气候或体验不同的文化。因此，“候鸟式养老”成为一种流行趋势，推动了旅游、酒店、房地产、医疗等行业的发展。一些专门针对老年人的康养度假村、长租公寓、温泉疗养地等不断涌现，为银发人群提供了更多选择。国内外的养老旅居市场迅速扩大，不仅丰富了老年人的生活方式，也推动了相关服务行业的升级。

居住养老的未来发展趋势将更加多元化、智能化和国际化。随着老龄化社会的加深，养老模式将进一步个性化，高端养老社区、生态养老村、国际养老项目等将不断涌现。同时，科技的应用将进一步深化，智慧养老设备、远程医疗、健康数据管理等技术将使养老服务更加精准和高效。此外，跨国养老市场将逐步成熟，一些发达国家的老年人可能会选择生活成本较低、医疗资源充足的国家养老，形成全球化的银发经济格局。

居住养老不仅改善了老年人的生活质量，也为社会创造了庞大的市场需求。通过推动养老地产、服务、科技、医疗、旅游等多产业协同发展，银发经济正成为社会经济增长的重要支撑点。未来，随着政策支持、科技创新和市场需求的进一步增长，居住养老将成为银发经济中最具活力的增长领域之一。

023　如何为银发群体提供优质的老年护理服务？

为银发群体提供优质的老年护理服务是推动银发经济发展的关键，以下是几种主要的策略。

个性化护理服务：根据患者的健康状况、生活习惯和心理需求制订个性化护理计划，并提供情感支持以改善其生活质量。

专业护理团队：建立由医生、护理人员、营养师等组成的多学科团队，提供全面的护理服务，并确保护理人员接受专业培训和认证。

技术驱动的智能护理：利用智能设备和远程医疗技术实时监测健康状况，提供精准化、个性化的护理服务。

综合性长期护理：提供长期护理保险、日间照料和临时托管服务，确保慢性病或功能障碍获得持续照护。

家庭和社区支持：加强对家庭成员的护理技能培训，推动社区支持体系建设，鼓励社区参与，帮助老年人融入社会，缓解孤独感，提升其身心健康水平。

政策保障：完善相关法规和监管，确保老年护理服务的质量和公平性，同时为护理人员提供激励措施。

通过整合技术创新、专业团队、政策保障和社区支持，能够为银发群体提供全面且优质的护理服务。

024 银发群体的娱乐休闲需求如何满足？

随着银发人群数量的增长，老年人的娱乐休闲需求也逐渐成为社会关注的重点。满足这些需求不仅能提升老年人的生活质量，还能帮助他们保持积极心态和身体健康。可以通过以下方式来满足银发人群的多元需求。

文化活动与体验：组织参加音乐会、绘画、舞蹈、舞蹈等艺术活动，丰富老年人的精神文化生活。例如，组建一个艺术班或兴趣小组，鼓励老年人发挥创造力，享受艺术带来的乐趣。

社交互动与团体活动：老年人往往面临孤独问题，因此社交活动至关重要。定期组织社区聚会、集体旅游、棋牌比赛、远足等活动，增强老年人的社交互动，提升归属感和参与感。

体育健身与户外活动：体育锻炼是提升老年人身体健康的重要方式。提供适合老年人的运动项目，如太极、瑜伽、健步走等，组织晨跑和户外活动，既能增强体质，也能丰富他们的休闲方式。

数字化娱乐：随着科技的发展，老年人可以通过智能设备参与更多的数字娱乐。提供智能设备和应用，帮助他们享受在线游戏、电子书阅读、视频聊天等活动，可以打破时间和空间的限制，拓展老年人的娱乐方式。

适宜老年设施与空间的设计：为了方便老年人参与娱乐活动，可以在社区或养老机构中建设适合老年人的娱乐设施，如老年活动中心、书画室、休闲花园等，确保活动环境安全舒适。

精神关怀与心灵舒缓：除了物理活动，精神层面的关怀也不容忽视。通过志愿者服务、心灵沟通等方式，帮助老年人表达情绪、解决心理困扰。

总体来说，满足银发群体的娱乐休闲需求需要调动多方位的综合手段，通过文化、社交、运动、数字化等多种方式，提高他们的生活质量和幸福感。

025 银发经济中，智慧养老和智能家居的应用前景如何？

随着科技的进步和老龄化社会的到来，智慧养老和智能家居将大幅提升老年人的生活质量、独立性和安全性。以下是这两个领域的主要应用前景。

提高生活质量和便利性：智能家居设备使老年人的日常生活更加便捷和舒适。例如，智能灯光、温控系统、语音助手等设备能够根据需求自动调整，减少物理劳动，提升居住舒适。此外，智能家居还可以通过传感器监控老年人的活动，确保他们的生活环境始终如一。

增强安全性和独立性：智能家居通过智能监控、自动报警系统、紧急呼叫按钮等功能，能够在发生摔倒、突发疾病或其他危险情况时，立即向有关人员或护理人员发出报警。这样，不仅能提高序列的安全性，还能帮助老年人保持独立生活，延缓对照护人员的依赖。

健康监测和管理：智能健康设备，如可穿戴设备、血压监测仪、智能手环等，能够实时监测佩戴者的健康状况，并通过数据分析提供个性化的健康管理建议。这些设备能够及时发现潜在的健康问题并发出预警，协助护士进行有效的健康管理，减轻慢性病带来的影响。

远程医疗和护理服务：随着远程医疗技术的发展，老年人可以在家中通过视频通话与医生或护理人员进行咨询、复诊和日常健康管理。智能家居的健康设备可以将实时数据传输给医生，远程监测健康状况，确保他们及时获得必要的医疗建议和照护。

老年人社交与精神支持：智能家居设备还可以通过视频通话、社交平台等功能，帮助老年人与家人、朋友保持联系，减少孤独感和社会隔离。同时，智能助手也可以提供情感陪伴，帮助老年人缓解焦虑和抑郁等心理问题。

026 银发经济对老年教育产业的推动作用如何?

银发经济对老年教育产业的推动作用十分明显。随着老龄化社会的到来，越来越多的人认识到终身学习的重要性，并通过教育提升自身素质、提高生活质量。银发经济不仅为老年教育产业创造了巨大的市场，也推动了该领域的创新与发展。以下是银发经济对老年教育产业的主要推动作用的表现。

市场需求扩大：随着老年人口的增长，银发群体对教育的需求不断增加。许多人希望通过学习新知识、掌握新技能来提高自我价值，增强独立性，提升自信心。老年教育产业因此催生了各类适龄教育产品和服务，如老年大学、线上课程、兴趣班、文化交流活动等。

终身学习的普及：银发经济强调积极融入社会、继续发展自我，而老年教育作为促进终身学习的重要促进途径，帮助老年人维持认知能力，提升精神健康。银发人群的教育内容逐渐从传统的文化艺术出发、健康管理拓展到数字技能、金融知识等领域，满足了老年人对膳食补充剂学习的需求。

推动教育科技创新：随着科技的不断发展，标准化、数字化的教育手段在老年教育中得到了广泛应用。老年教育产业借助互联网、大数据、人工智能等技术，开发出适合老年人的在线学习平台、虚拟课堂、互动应用等，打破了空间和时间的限制，方便随时随地进行学习。

通过教育提高老年人的社会参与感和归属感，他们在学习新知识的同时还能增强社交互动，扩展社交圈子，减少孤独感和社会隔离感。

提升健康管理与认知能力：老年教育的课程内容不断丰富，特别是在健康管理、心理健康和认知训练方面，教育内容逐渐趋于专业化和个性化。此外，认知和脑力训练课程有助于延缓阿尔茨海默病等认知问题，提升老年人的生活质量。

027　银发经济如何影响保险业的发展？

需求增加：随着老年人口比例的增加，养老保险、健康保险等需求也显著增长。老年人对于保障健康、医疗费用以及退休后生活质量的需求变得尤为迫切。因此，保险公司需要推出更具针对性和个性化的产品来满足这一需求。

产品创新：保险公司开始根据老年群体的特点开发创新型产品。例如，长期护理保险、疾病保险、老年人专属健康保险等。这样的产品不仅要满足老年人对健康和生活保障的需求，还需考虑老年群体的支付能力和承受风险的能力。

服务模式转型：随着技术的发展，保险公司越来越多地使用数字化工具和智能化服务来优化老年客户的体验。例如，远程健康监测、在线健康咨询、智能理赔等服务，能够帮助保险公司提高服务效率，同时也能增强老年客户的参与感和满足感。

风险管理调整：随着老年群体健康状况的变化，保险公司需要对健康风险进行更精确的评估。这意味着需要建立更加完善的风险管理体系，尤其是在健康保险和长期护理保险领域，保险公司可能需要更多的数据分析和精算模型来合理定价和管理风险。

营销策略变化：传统的保险销售模式可能无法完全适应老年群体的需求，因此保险公司可能需要调整营销策略，例如通过代理人提供一对一咨询服务，或者通过线上渠道提供更加便捷的投保方式。

综上所述，银发经济的兴起不仅促进了保险业产品和服务的多样化，也推动了保险业在数字化、智能化方面的不断发展。保险公司需要密切关注老年群体的需求变化，及时调整产品和服务策略，以适应这一新兴市场的需求。

028　银发经济如何促进跨界融合产业的发展?

首先，健康产业与科技的融合受到银发经济的强烈推动。随着老年人对健康管理需求的增加，科技企业和健康行业的合作愈发紧密。智能穿戴设备、远程医疗和健康监测技术的兴起，使老年人能够便捷地管理自身健康。例如，智能手表可以实时监测老年人的心率、血压等重要数据，数据直接传输到医生平台进行分析和干预。科技与健康产业的结合，不仅提高了老年群体的健康管理水平，也推动了新型健康服务模式的发展。

其次，金融与养老产业的结合成为银发经济中最具潜力的领域之一。随着老年人财富积累的增加，金融服务需求也不断增长。保险公司、银行、投资机构等推出了专为老年人设计的理财产品、养老基金和长期护理保险等。这些金融产品既帮助老年人保障其退休生活质量，又提供了健康管理和风险防范。此外，金融科技的发展也使得老年人能够更加便捷地管理自己的财务，通过手机应用进行养老账户管理和投资理财。

在旅游产业，老年群体对旅游的需求不仅限于休闲放松，更加关注健康、文化体验等多重因素。为了迎合这一趋势，旅游公司开始与健康产业、保险公司等合作，推出定制化的老年人健康旅游产品。例如，提供带有医疗支持的健康旅游套餐，或推出符合老年人特殊需求的舒适旅游线路。这种跨界融合推动了旅游产品的创新，也拓展了老年群体的消费潜力。

此外，房地产与老龄产业的融合也表现得尤为突出。随着老年人居住需求的变化，适老化住宅和养老公寓成为房地产开发的新方向。许多房地产公司开始与医疗、护理等产业合作，推出一体化的养老社区，提供居住、医疗和护理服务。这种多行业的合作满足了老年群体日益增长的综合需求，也推动了老龄化产业的持续发展。

最后，教育与文化产业的融合也为银发经济带来了新的增长点。随着老年群体对终身学习的关注，在线教育平台、文化活动组织等纷纷推出专门面向老年人的课程和文化项目，帮助他们不断丰富生活内容，提升自我价值。这种跨界融合不仅促进了教育和文化产业的创新，也提升了老年人的精神文化生活质量。

总之，银发经济通过促进不同行业之间的跨界合作，推动了产业的升级和创新。各行业的融合不仅满足了老年群体多元化的需求，也为企业提供了新的市场机遇，助力社会经济的可持续发展。

第三章

银发劳动力和就业

029 银发经济中有哪些行业是增长最快的?

（一）健康与医疗行业

随着人口老龄化的加剧，老年人对健康管理的需求不断增加，推动了健康与医疗行业的快速发展。老年群体更关注慢性病管理、健康体检、个性化医疗和长期护理等服务。因此，老年健康产业，包括老年医院、康复护理中心、健康保险、远程医疗等领域，得到了前所未有的发展。此外，随着老年人对预防医疗和健康管理的关注，健康产品和个性化营养补充品的需求也迅速增长。

（二）养老产业

养老产业是银发经济中最为突出的行业之一。随着银发群体的增多，养老服务、养老社区、老年公寓等市场需求不断攀升。老年人对居住环境、生活质量、健康护理、社交活动等的需求日益增加，推动了高端养老院、智能化居家养老、社区护理等细分领域的蓬勃发展。同时，老年人对长期护理、老年用品和个性化养老方案的需求，使得养老产业的市场规模不断扩大。

（三）金融服务行业

银发经济的兴起使得老年人的财务管理和财富传承问题日益受到关注，促进了金融服务行业的快速增长。许多金融机构针对老年群体推出了养老金、年金保险、长期护理保险、健康保险等专门产品。此外，随着老年群体对数字化的逐步适应，智能理财、线上银行服务等新型金融服务也开始快速发展，以满足老年人日益增长的理财需求。

（四）旅游行业

老年群体的出行频率逐渐增加，推动了旅游行业的增长。银发消费者通常偏好舒适、休闲、健康的旅游方式，如健康旅游、文化深度游、短途旅行等。此外，针对老年群体的定制化旅游产品也越来越多，包括无障碍旅游、老年人专属的旅游线路、健康疗养旅游等。这些变化促使旅游产业在服务设计、产品创新和市场推广方面进行了大规模的调整。

（五）智能家居与辅助设备行业

老年人对居住环境的舒适度和安全性有着更高的要求，这推动了智能家居和辅助设备行业的飞速发展。老年群体对智能家居产品的需求持续增长，如智能健康监测设备、语音助手、自动化家居控制系统等。此外，老年人辅助设备，如助行器、护理床、无障碍卫浴设备等，也得到了快速发展。这些产品和技术的创新，使得银发群体的生活质量得到了极大提升。

（六）文化娱乐行业

随着老年群体的消费水平提高，他们在文化娱乐方面的支出也不断增加。老年人对高质量的文化娱乐活动有着更大的需求，尤其是针对老年人的影视作品、音乐会、书籍以及文艺旅游等。此外，老年群体也越来越注重社交活动和精神生活，社区文化、老年人教育课程等服务迅速发展。

030 银发经济对就业市场有哪些具体影响?

(一)劳动力市场需求变化

随着老年人口的增加，银发群体在劳动力市场中的影响逐步上升。许多老年人在退休后并不完全退出劳动市场，而是选择兼职、自由职业或咨询等灵活就业方式。为了适应这一变化，企业在招聘时开始更加关注老年人的工作意愿和专业技能，出现了更多适合老年人的岗位，例如轻体力劳动、顾问类工作等。这为老年人提供了继续参与经济活动的机会，也推动了灵活就业形式的多样化。

(二)养老护理和健康服务行业就业增加

随着人口老龄化加剧，对养老护理和健康服务的需求大幅增长。这直接推动了相关行业的就业机会增加。护理人员、老年病医生、康复治疗师等职位需求激增，许多护理中心、老年公寓、医院等机构急需招募专业人员。与此同时，随着老年人对健康管理的重视，营养师、心理咨询师、运动教练等职位也逐渐成为热门职业，形成了一个庞大的老年健康服务行业就业市场。

（三）银发产业相关岗位的增多

银发经济的蓬勃发展促进了许多新的行业和岗位的出现。例如，针对老年群体的定制化旅游、智能家居、老年金融服务等行业需要大量的专业人才。这些行业不仅需要有老年人相关经验的服务人员，还需要研发人员、产品经理、市场营销人员等。随着银发经济的不断拓展，这些新兴行业将成为推动就业增长的一个重要力量。

（四）培训与再教育的需求增长

由于老年群体的需求多样化，许多企业开始提供针对老年人的再教育和培训课程。例如，针对老年群体的数字技能培训、健康护理培训、老年心理学课程等，这为教育行业和培训机构带来了新的商机。此外，针对从事老年人服务的专业人员的培训需求也在增加，护理人员、社会工作者、老年人心理专家等职位将成为未来就业市场的热点。

（五）跨代共融的工作环境

随着银发群体参与就业市场的增多，企业也开始更加注重不同年龄段员工的跨代共融。例如，企业在招募员工时，往往不仅关注年轻人的创意和活力，还注重老年员工的经验与智慧。为了创造良好的工作氛围，许多公司开始实行灵活的工作时间安排，提供适合各个年龄段员工的工作环境，促进了不同代际的合作与交流。

031 老龄化社会如何影响劳动力市场的供给?

劳动力总量的减少是老龄化社会对劳动力市场供给的最直接影响。随着生育率的下降和预期寿命的延长，人口的年龄结构逐渐向老年化倾斜，年轻劳动力的比例逐年减少。根据各国人口普查数据，劳动力市场中的工作年龄人口逐渐缩小，导致劳动力供给的总体减少。随着劳动力供给的萎缩，企业可能面临招聘困难，尤其是那些依赖大量低技能劳动力的行业，如制造业、建筑业等，可能更难以找到足够的年轻工人。

劳动力结构的变化对劳动力市场产生了影响。随着老年人口的增加，劳动力市场中的年龄分布发生了变化。越来越多的老年人延迟退休或选择继续工作，导致65岁以上的劳动力群体逐渐增多。这种变化要求企业在招聘和管理时更加注重老年员工的需求和特点，例如在工作强度、工作环境和职业发展等方面进行适当调整。同时，随着年轻劳动力的减少，企业需要更加注重技能培训和人才储备，以确保企业能适应技术进步和行业变化。

劳动力的质量提升也成为老龄化社会带来的新机遇。虽然劳动力总量减少，但许多老年人通过延迟退休或参与灵活就业，仍能为社会提供宝贵的经验和技能。与此同时，随着教育水平的提升，年轻劳动力的整体素质和技能也在不断提高。在信息技术、人工智能、绿色能源等领域的专业人才极为紧缺，企业和政府需要加强职业培训和终身教育，提升劳动力的整体素质和适应新技术的能力，从而弥补人口结构变化带来的供给不足。

此外，劳动市场的灵活性也受到老龄化社会的影响。老年劳动力群体的加入使得劳动力市场的供给更加多元化，许多老年人选择参与兼职、灵活就业或创业等形式，这不仅丰富了劳动力市场的供应形式，也为企业提供了更多的工作方式选择。例如，企业可以通过灵活工时、远程办公等方式，吸引更多老年群体参与工作，减少因老龄化导致的劳动力短缺问题。

总的来说，老龄化社会对劳动力市场供给的影响是多方面的，既带来了适龄劳动力总量的减少，也推动了劳动力结构和质量的变化。为了应对这些挑战，政府和企业需要采取灵活的政策措施，如提高退休年龄、促进老年人再就业、加强教育培训等，以保证劳动力市场的持续稳定供给。

032 银发劳动力的就业特点和优势有哪些？

（一）丰富的经验和技能

银发劳动力最大的优势是其丰富的工作经验和职业技能。经历了长时间的职业生涯，老年员工往往拥有深厚的行业知识、成熟的工作方法和解决问题的能力。这种经验在许多行业，尤其是在需要复杂决策和专业技能的岗位上，具有不可替代的价值。例如，老年人可以在管理、咨询、教育等领域发挥关键作用，提供独到的见解和实践经验。

（二）较强的责任感和稳定性

老年劳动者通常有较高的责任感，工作稳定性较强。由于这一代人对工作有较为传统的态度，他们往往更加注重工作中的责任和忠诚度。相较于年轻员工，老年员工的离职率较低，更倾向于在同一岗位上长时间工作。因此，企业可以通过吸引银发劳动力来减少人员流动，提高团队稳定性。

（三）较好的工作态度和职业道德

银发劳动力通常展现出较高的职业道德和较好的工作态度。很多老年人在职业生涯中已经养成了良好的工作习惯，如守时、专注和细致。相较于年轻劳动力，老年人可能更注重工作中的质量和细节，且他们往往能够在压力下保持冷静，做出理性的判断。

（四）较低的薪资成本

老年劳动力的薪资成本往往较低，这对于企业尤其是在劳动力密集型行业中，具有一定的吸引力。许多老年员工虽然对工资的要求不如年轻人那样高，但仍能提供高效的劳动和稳定的贡献。因此，雇用银发劳动力可以有效降低企业的人工成本，尤其是对于一些需要灵活用工的岗位。

（五）灵活的工作时间

银发劳动力通常时间较为灵活，可以适应各种工作形式，包括兼职、远程工作、临时工作等。许多老年人选择减少工作时间，转为兼职或灵活就业，这为企业提供了更多的人力资源选择。尤其是在一些需求波动较大的行业，银发劳动力可以在短期内填补临时岗位，为企业提供更多的灵活性。

（六）较强的人际沟通能力

老年人由于长期的社会交往和工作经历，往往具有较强的人际沟通能力。他们能够与不同年龄段的同事或客户建立良好的关系，帮助企业在客户服务、销售等领域取得更好的表现。银发劳动力在与客户沟通时，能够展现更多的耐心和包容，这对于一些服务型行业尤其重要。

033 如何为银发群体提供再就业培训和就业支持？

（一）提供定制化的培训课程

银发群体的再就业培训应根据其特点和需求进行设计。培训课程应注重技能提升，尤其是数字化技能的培训。例如，计算机操作、办公软件的使用、社交媒体和互联网工具的应用等。此外，还可针对特定行业进行职业培训，如医疗、教育、零售、保健等行业的基础技能培训，帮助银发群体快速适应特定岗位的需求。

（二）加强职业规划和辅导

许多银发群体在离开职场多年后，重新进入职场可能会感到茫然和不安，职业规划和心理辅导就变得非常重要。政府和社会组织可以通过组织相应的职业咨询服务，为银发群体提供个性化的职业发展建议。此外，心理辅导可以帮助群体克服重新就业过程中可能面临的自信心不足和情绪问题，使他们能够更加积极地面对再就业的挑战。

（三）创造灵活的工作机会

老年群体的工作时间和工作强度可能不同于年轻劳动力，因此，一些灵活的工作形式极为重要。企业可以提供远程办公、弹性工时等形式的工作岗位，以适应银发群体的需求。老年群体希望每天工作几小时而不是全职工作。这样的安排不仅能帮助他们逐步适应工作节奏，也能提高他们的工作满意度。此外，短期或临时岗位也能为银发群体提供更多的就业机会。

（四）建立企业与政府的合作机制

政府和企业可以联合设立岗位再就业培训和支持项目。例如，政府通过税收等政策，鼓励企业雇用银发群体，同时提供必要的岗位培训。政府还可以推动建立专门的银发就业服务平台，提供就业信息、技能培训课程以及政策支持等服务。

（五）利用社会资源和社区支持

社区在为银发群体提供就业支持方面具有独特的优势。

通过社区中心、社会组织等渠道，可以为老年人提供再就业信息、技能培训和就业咨询等服务。此外，社区的互动性和亲密性也能够帮助银发群体更轻松地在社会中找到工作。通过组织就业论坛、经验交流会等活动，鼓励银发群体分享自身的职业经历和成功案例，增强他们的信心和动力。

（六）鼓励企业营造适宜的工作环境

企业根据银发群体的需求，调整工作环境和工作负担。例如，提供适合的工作场所、舒适的工作模式、合适的工作负担等。这些调整能够帮助银发群体更好地适应工作，减少因体力不支引发的健康问题，确保他们在工作中得到充分的支持。

034　银发劳动力在哪些行业有更大的就业潜力？

随着全球人口老龄化趋势的加剧，银发劳动力逐渐成为劳动力市场的重要组成部分。银发劳动力在一些行业中具有较大就业潜力。

健康与养老行业：随着老龄化社会的到来，老年人的健康需求不断增加，银发劳动力在护理、陪伴、健康咨询等方面具有天然的优势。老年护理员、康复师、健康管理顾问等职位的需求日益增长。银发劳动力可以利用自己的生活经验，为其他老人提供更具人性化的服务。

教育培训行业：不少年长者具备丰富的生活经验和专业知识，能够为年青一代提供有价值的教育和指导。在成人教育、兴趣班、语言培训等领域，银发劳动力可以担任导师、讲师，帮助提高社会的整体教育水平。此外，许多老年人对某些领域（如手工艺、烹饪等）有浓厚的兴趣，能够成为此类培训课程的讲师或教练。

零售和服务业：银发劳动力的雇用优势体现在他们相对稳定的工作态度和较强的沟通能力。在零售业，尤其是需要面对老年消费者的商店，如药店、超市等，银发劳动力能够利用自己的同龄经验更好地理解顾客需求，提供个性化的服务。此外，酒店、旅游等服务业，也欢迎银发员工的加入，他们的稳重和成熟常常能够为客户提供更舒适的服务体验。

科技行业的支持岗位：虽然老年人在技术开发和创新

领域的参与度较低，但他们在一些支持性工作中仍然具有巨大潜力，如数据录入、客户服务、测试和审核等岗位，老年人能够发挥细心、耐心的优势。

总的来说，银发劳动力的潜力不仅仅局限于传统的老年护理行业，他们在教育、零售、服务业及科技行业的支持岗位中，均展现出巨大的就业潜力。通过调整政策和优化工作环境，可以进一步释放这一群体的潜力，促进社会的全面发展。

035　银发劳动力在职场的主要障碍是什么？

（一）年龄歧视

年龄歧视是银发劳动力最常遇到的问题。很多企业更倾向于招聘年轻员工，认为老年人不够灵活、适应性差、学习能力较低，甚至担心他们的身体健康状况。由于这些偏见，很多银发劳动力在求职时会遭遇不公正的对待。

（二）技能更新与技术适应性

随着科技的迅速发展，许多行业对技能的要求越来越高。对于银发劳动力来说，部分人可能在工作中未能及时跟上技术变革，尤其是在数字化、互联网、人工智能等领域。这使得他们在职场上面临较大的技能更新压力，限制了他们的职业发展和竞争力。

（三）健康问题

随着年龄的增长，银发劳动力的身体健康问题可能逐渐显现。慢性病、体力下降等问题可能影响其工作效率和工作时间，这在一些体力要求较高的岗位上尤为突出。健康问题也可能使雇主对老年员工的工作持续性产生担忧。

（四）职业晋升机会有限

老年员工在职场中的晋升机会较少。大多数企业的晋升体系更青睐年轻人，因为他们被认为能够提供更长时间的工作价值和更大的发展潜力。银发劳动力往往难以进入高层管理职位，工作停滞可能导致他们的职业发展空间受到限制。

（五）薪资待遇差距

老年员工的薪资通常较低，特别是一些已经退休但愿意继续工作的人员。他们往往被认为是“临时工”或是低成本劳动力，这使得他们在薪资谈判和福利待遇上处于不利地位。

（六）工作环境的不适应性

许多企业的工作环境和制度设计更适应年轻人。长时间坐办公桌前或是需要频繁出差的工作形式，可能不符合老年员工的身体需求。此外，职场文化中年轻化的趋势也可能让银发劳动力感到自己被排除在外，缺乏归属感和认同感。

036 银发劳动力的就业稳定性如何？

（一）较高的工作忠诚度

银发劳动力通常具有较高的工作忠诚度和责任感。他们的生活经验让他们更加注重稳定的工作环境和长期的职业规划。相比于年轻人，他们更倾向于长期从事一项工作，不太容易跳槽。这种忠诚度使得他们在公司内部的职位较为稳定，通常不容易受到职场动荡的影响。

（二）较少的职场流动性

由于年龄因素和家庭责任等问题，银发劳动力的职业流动性相对较低。他们通常不再追求频繁的职位变动或职业晋升，而是注重维持现有的工作状态，这有助于其保持较为稳定的就业状况。

（三）较高的医疗和健康风险

健康问题是影响银发劳动力就业稳定性的一个重要因素。随着年龄的增长，老年员工更容易出现身体健康问题，这可能导致请病假或因健康原因无法持续工作。在一些需要高度体力或健康的岗位上，老年员工可能需要频繁休息，影响工作表现和稳定性。

（四）就业机会有限

尽管老年劳动力通常较为稳定，但在就业机会的获取上，他们面临着更大的挑战。许多行业更倾向于雇用年轻、充满活力的员工，这使得银发劳动力的就业机会相对较少。此外，企业对老年员工的健康状况、适应能力以及技术能力也会产生疑虑，这直接影响了他们在职场中的稳定性。

（五）社会保障和退休金支持

银发劳动力的就业稳定性还与社会保障和退休金政策密切相关。许多国家或地区对老年员工的就业提供一定的退休保障，使得他们可以在退休后继续享受基本生活待遇。在这样的政策支持下，部分老年员工即便选择继续工作，工资和职位的稳定性也能得到保障。

（六）行业差异

不同领域对银发劳动力的需求和稳定性有较大差异。在一些注重经验和知识积累的行业（如教育、咨询、医护等），银发劳动力的就业稳定性较高。而在一些要求高强度劳动和技术创新的行业（如制造业、科技等），银发劳动力的就业稳定性则相对较低。

总的来说，银发劳动力的就业稳定性具有双重性。虽然他们通常具有较高的忠诚度和较少的职场流动性，但健康风险和就业机会有限等问题依然会影响他们的职业稳定性。如何平衡这些因素，提供更加支持性的就业环境，是提升银发劳动力就业稳定性的关键。

037 银发劳动力在志愿服务中可以发挥哪些作用？

（一）丰富的经验与知识传承

银发劳动力积累了丰富的人生经验和专业知识，能够为年青一代提供宝贵的指导与帮助。无论是在教育领域、文化活动还是社会服务中，银发志愿者可以将自己的经验传授给需要学习和成长的人群，特别是在传统手工艺、历史文化、社区服务等方面，他们的知识和技能尤为重要。

（二）稳定的情感支持

随着年龄的增长，银发劳动力通常具备较强的情感稳定性，能够为需要帮助的人提供心理支持与陪伴。在养老院、医院等场所，老年志愿者能为孤独的老人、病患或儿童提供关怀和陪伴，缓解他们的情感孤立，增强社会的温情和凝聚力。

（三）社区建设与公益活动

银发劳动力往往在社区中有着广泛的社交网络和较强的归属感，他们可以在社区建设和公益活动中起到积极的推动作用。例如，银发志愿者可以参与社区活动的组织、环境清洁、公共安全巡逻等工作，增强社区的凝聚力和居民的归属感。

（四）促进代际沟通与交流

银发劳动力在志愿服务中可以促进不同年龄层之间的沟通与理解。通过参与各种跨代际活动（如亲子教育、代际交流等），银发志愿者不仅能从年轻人中获取新的思维和观点，也能为年轻人提供不同的人生智慧，增进代际间的理解和尊重。

（五）灵活的工作时间与低成本

银发劳动力通常不受全职工作的限制，拥有更多的空闲时间，可以灵活参与志愿服务活动。此外，老年志愿者往往不要求高薪酬和福利，这为许多社会组织和公益项目节省资金成本，使得志愿服务活动能够顺利进行。

（六）提升社会责任感与公民参与度

银发劳动力通过参与志愿服务，不仅有助于提高自己的社会地位和生活质量，还能提升他们对社会的责任感。志愿服务帮助老年人重新找回社会价值感，避免社会边缘化，使他们更加积极地参与到社会生活中。

第四章

银发经济与创新

038　如何通过技术创新提升银发群体的生活质量?

（一）智能家居技术

智能家居技术的快速发展为老年人提供了更加便捷、安全的生活环境。

通过语音控制技术，老年人可以轻松地对家中的灯光、空调、窗帘等设备进行远程或自动控制，免去了频繁走动的麻烦。智能安防系统的引入，如智能门锁、摄像头、烟雾报警器、煤气泄漏报警器等，不仅增强了老年人家居环境的安全性，还能在突发事故时自动报警或通知亲属和相关救援服务。此外，智能感应设备可以实时监测老年人的活动情况，一旦发现长时间静止或异常活动，系统便能及时发送警报，确保快速响应和救助。这些智能技术的全面应用，使老年人能够更加独立地生活，减少了家庭成员的担忧，提高了整体的生活质量和安全感。

（二）可穿戴设备与健康监测

可穿戴设备的兴起，为老年人的健康管理提供了新的解决方案。智能手表、健康监测仪等可穿戴设备能够实时监测心率、血压、步态、睡眠质量等生理数据，并通过移动应用程序进行数据分析。当检测到异常情况时，这些设备可以自动提醒，甚至在紧急情况下直接联系医疗服务。此类技术的应用使得可以在家中进行持续的健康最佳监测，避免突发疾病而错过治疗时机，提升了健康管理的便利性和及时性。

（三）虚拟医疗与远程诊疗

随着互联网技术的发展，虚拟医疗和远程诊疗逐渐成为提升银发群体生活质量的重要手段。通过视频通话、远程诊断等技术，患者可以在家中享受到专业医生的医疗服务，避免了因行动不便或交通不便带来的就医困难。

（四）数字化社交平台

数字化社交平台为银发群体提供了新的社交途径。通过社交媒体、视频聊天和即时通信软件，老年人可以与远在他乡的家人和朋友保持联系，分享生活点滴。此外，一些专为老年人设计的社交平台，提供简单的迷宫界面，帮助他们结交新朋友，参与兴趣小组，参加线上活动，提升社交互动。

（五）智能辅助设备与便捷设计

为帮助克服因身体机能衰退带来的生活困难，智能辅助设备和无障碍设计成为提高生活质量的重要途径。例如，智能轮椅、自动化扶手、升降床等设备可以帮助残疾人更方便地完成起居、移动、就餐等活动。无障碍设计的建筑物和公共设施，如电梯、坡道、宽敞的走道等，使老年人能够在公共场所自由活动，避免跌倒等意外伤害。

技术创新为银发群体提供了提升生活质量的可能性。从智能家居到可穿戴设备，再到虚拟医疗和社交平台，技术正在为银发群体创造更加便捷、安全的生活环境。优化技术设计和应用，我们能够帮助老年人克服生活中的困难，提升他们的独立性和社会参与感，让他们获得更高质量的晚年生活。

039 智能家居如何帮助提升生活质量?

（一）提升便利性

智能家居系统将家庭设备和家电连接起来，实现自动化控制。

（二）提高能源效率

智能家居系统可以通过自动控制和监测设备的使用情况来节省能源。

（三）改善健康管理

智能家居能够帮助改善家庭成员的健康管理。智能空气净化器、智能加湿器、智能净水器等设备能够实时监测室内空气质量，并根据需要自动调节。对于有过敏症、呼吸道疾病等问题的人来说，智能家居设备可以提供更为舒适的生活环境。此外，一些智能健康设备，如智能手环或智能秤，可以监控用户的运动和健康数据，帮助制定健康的生活方式。

（四）提高生活质量

通过智能家居技术，用户可以将家居环境调节到最舒适的状态。例如，智能音箱可以播放用户喜欢的音乐，智能灯光可以根据不同的情境调整亮度和色温，有助于创造温馨、放松的家庭氛围。此外，智能厨房设备，如智能冰箱、微波炉和机器，能够提高烹饪的便利性和效率，使用户能够享受更高质量的饮食体验。

（五）协助行动不方便者

行动不便的人对智能家居技术的应用非常迫切。智能家居帮助他们可以在没有别人帮助的情况下进行日常生活。语音控制系统可以帮助控制家庭中的设备，智能灯光系统可以在夜间自动开启，智能安全设备可以提供监控和紧急响应服务，为用户提高独立、便捷、安全生活的可能性。

（六）远程控制与智能管理

智能家居支持远程控制功能，用户可以在外出时通过手机应用管理家中的设备。这意味着即使你不在家，也能确保家中的安全和设备状态。这种功能特别适合经常出差或旅行的人，让用户可以随意掌控家中设备。

040 银发群体对人工智能技术的接受度如何?

（一）技术的易用性

银发群体对于新兴技术的接受度往往会受到设备和界面的复杂度影响。如果人工智能产品或应用过于复杂，可能会让他们感到不安，从而降低接受度。因此，新技术若能够提供简单、易于操作的界面，会更容易被银发群体接受。例如，语音助手（如智能音响）取代手动输入等操作，往往接受度更高。语音控制的功能让家电更方便操作，这很大程度上提高了银发群体的生活质量。

（二）功能与生活需求的契合度

对于许多老年人来说，人工智能技术的核心价值体现在健康管理、生活安全、社交互动等方面。例如，智能健康监测设备（如智能手环、智能体重秤、血压监测仪等）帮助他们实时掌握自身健康状态，从而做出及时的调整或就医。同样，智能家居产品（如智能灯光、智能门锁、智能温控等）可以提高家中的舒适度和安全性，特别是对于行动不便的人，智能家居系统的普及极大提升了他们的生活质量。

（三）受教育程度和数字技能水平

受教育程度和数字技能是影响银发群体对人工智能接受程度的重要因素。许多老年人的水平并不熟悉新兴技术，尤其是在互联网和智能设备的操作方面。尽管现在老年人群的数字技能水平也在不断进步，但技术素养仍然较低，现在的技术操作对他们而言仍过于复杂。因此，为了提高他们对人工智能技术的接受程度，应该提供更多的培训和帮助，帮助他们更好地理解和使用这些技术。通过专门设计的培训课程或通过家庭成员的帮助，众多老年人逐渐提高了使用人工智能技术的能力。

（四）隐私问题的考虑

隐私问题和对个人数据保护的担忧也是影响银发群体接受人工智能技术的关键因素。由于老年群体对网络安全问题的认知较弱，他们可能会担心个人信息泄露。例如，智能健康设备或智能家居设备可能会收集用户的健康状况数据、生活习惯等敏感信息。如何确保这些信息的安全性以及打字机在使用AI技术时的隐私保护，将是技术供应商必须解决的问题。若AI技术首次能够增强安全性并清晰透明地解释隐私保护措施，随后的接受度可能会得到提升。

银发群体对人工智能技术的接受程度因个人背景、技术的易用性和实用性、教育水平以及社会文化等多方面因素而有所不同。虽然一些老年人对新技术持谨慎态度，但随着技术的不断发展和社会对老年群体数字化培训的加强，越来越多的银发人群正在逐步接受人工智能技术。尤其是当人工智能技术能够直接改善老年人的生活质量，帮助他们进行健康管理、应对隐私信息安全挑战时，他们对这些技术的接受程度将逐步提高。

041 如何利用大数据和人工智能为银发群体提供个性化服务?

大数据和人工智能技术为银发群体提供了个性化服务的巨大潜力。首先，大数据可以通过收集用户的健康、生活习惯、消费行为等信息，精准分析他们的需求和偏好。针对这些数据进行挖掘，企业可以为用户定制个性化的产品和服务，如健康监测、智能家居、安全等。

人工智能可以在这个基础上发挥作用。通过AI算法，分析老年人的健康数据，提供实时的健康管理建议和紧急预警，如智能手环检测心率变化并提醒医生。AI还可以通过语音助手等技术简化智能设备的使用，让生活更便捷。结合大数据和AI，服务能够为银发群体设计个性化的推荐和建议，从而更好地满足他们的生活需求，提升生活质量。

042　银发群体对健康监测设备的需求如何？

银发群体对健康监测设备的需求急剧增长。随着年龄的增长，老年人更容易患上慢性疾病，如高血压、糖尿病等，因此他们对能够实时监测健康状况的设备需求居高不下。智能手环、血压计、血压监测仪等设备可以持续跟踪健康指标，及时发现潜在问题。健康监测设备还具备早期预警和紧急响应功能。尤其是对于行动不便或独居的老人来说，这类设备的作用更加重要，它们能够在被监测者身体状况出现异常时及时发出警报，通知家人或医生，保障其安全。智能手环能够检测心率异常并预防跌倒事故，有助于降低老年人的健康风险。

银发群体也对能够帮助提高生活质量的健康设备感兴趣，如定时提醒服药、保持运动等功能，帮助老年人养成健康的生活习惯。

043 机器人技术如何改变银发社区的生活方式？

机器人技术正在逐步改变银发社区的生活方式，从智能陪伴、医疗护理到生活服务和安全监测，老年人的日常生活正在被科技重塑。随着人口老龄化的加剧，如何提高老年人的生活质量、减轻护理人员的压力、优化养老社区的运营，成为养老行业关注的重点。机器人技术的快速发展，为这些问题提供了有效的解决方案，并正在成为银发经济的重要组成部分。

老年人的社交需求和心理健康是养老社区关注的重点之一。许多独居或行动不便的老年人缺乏日常社交机会，容易产生孤独感和抑郁情绪。社交陪伴机器人正逐渐走进养老社区，这些机器人能够进行语音互动、讲故事、播放音乐，甚至提供简单的心理安慰。例如，一些智能机器人可以根据老年人的喜好播放新闻、与他们聊天，甚至进行简单的问答互动，让老年人感受到陪伴和温暖。有些高端机器人还可以识别老年人的情绪变化，在发现情绪低落或焦虑时主动提供安慰，甚至联系家属或护理人员，提供更加人性化的情感支持。

医疗护理机器人成为养老社区的重要组成部分，特别是在护理人员短缺的情况下，这些机器人可以提供更加高效的健康管理。健康监测机器人可以定期检测老年人的血压、血糖、心率等关键健康数据，并将数据实时传输给医生或家属，确保健康状况得到持续跟踪。对于行动不便的老年人，一些机器人可以帮助他们完成康复训练，提供个性化的运动建议，甚至进行简单的物理治疗指导。机器人护理床的出现，让老年人可以更轻松地调整姿势，减少长期卧床带来的健康风险，提高生活舒适度。

生活服务机器人正在提高养老社区的运营效率，让老年人的日常生活更加便捷。许多老年人由于身体状况的限制，难以完成一些日常事务，如清洁、做饭、取药等。智能扫地机器人、自动喂食设备、智能药盒等设备已经在许多养老社区普及，减少了老年人对人工日常护理的依赖，提高了生活质量。热腾腾的饭菜定时送到老年人的房间，避免他们因行动不便而错过用餐时间。此外，一些智能家居控制机器人能够帮助老年人通过语音指令调节灯光、空调、窗帘等设备，减少日常操作的复杂度，提高居住的舒适度和安全性。

安全监测机器人为银发社区提供了更高级别的安全保障，特别是对于独居或有记忆力衰退问题的老年人而言，这类机器人发挥着至关重要的作用。一些机器人可以利用智能监控系统识别老年人的行为模式，例如检测跌倒、长时间不活动或紧急呼救。一旦发现异常情况，机器人会立即向护理人员或家属发出警报，确保老年人能够及时获得帮助。对于患有阿尔茨海默病的老年人，智能机器人可以提醒他们吃药、喝水，甚至在他们试图离开社区时发出警示，防止走失等安全隐患。

养老社区的运营管理也因机器人技术的引入变得更加智能化。传统的养老机构需要大量人力来进行卫生清洁、物资管理和服务安排，而现在，智能机器人可以代替部分人工操作，提高管理效率。例如，清洁机器人可以在夜间自动清扫公共区域，确保环境整洁，同时降低人工清洁成本。一些智能导引机器人可以在养老社区内为老年人提供导航服务，帮助他们找到特定的地点，如食堂、医疗室、活动中心等。对于管理人员而言，智能机器人还能协助进行数据收集和分析，优化资源配置，让养老社区的服务更加精准化。

随着人工智能和大数据技术的发展，机器人能够越来越精准地满足老年人的个性化需求。未来，机器人可能会通过学习用户的行为习惯，提供更贴心的服务。例如，机器人可以根据老年人的作息时间安排提醒事项，如定时播放喜欢的电视节目、提醒参加社交活动，甚至提供个性化的娱乐推荐。一些更先进的机器人或许能够充当“健康助理”，根据老年人的饮食、运动情况，提供个性化的健康管理方案，让养老生活更加科学合理。

机器人技术的广泛应用不仅提升了养老社区的生活质量，也为银发经济带来了新的发展机遇。越来越多的企业开始研发针对老年群体的智能机器人产品，推动了科技与养老产业的融合发展。与此同时，政府和社会资本也在加大对智慧养老的投入，鼓励科技公司、医疗机构和养老机构进行深度合作，共同打造更加智能化、便捷化的养老生态系统。

尽管机器人技术在银发社区的应用日益广泛，但仍然面临一些挑战。例如，一些老年人对智能设备的使用存在适应困难，需要进行专门的培训和指导。另一方面，机器人在情感互动、个性化服务等方面仍需进一步优化，以提供更具人性化的体验。此外，智能养老系统涉及老年人的健康和隐私数据，如何确保信息安全和伦理合规也是未来需要关注的问题。

未来，随着技术的不断进步和养老理念的创新，机器人将在银发社区发挥更加重要的作用。从智能陪伴到健康管理，从日常服务到安全保障，机器人正逐步改变老年人的生活方式，让他们能够享受更加舒适、自主、有尊严的晚年生活。机器人技术的普及不仅让养老社区更加智能高效，也为银发经济的可持续发展注入了新的活力。

044 如何利用VR提升银发群体娱乐体验?

虚拟现实（VR）技术正在逐步改变银发群体的娱乐方式，让他们能够突破时间和空间的限制，体验更加丰富的活动。传统的娱乐媒介如电视、广播、书籍等，虽然能够提供一定的休闲乐趣，但对于许多行动不便或长期居住在养老机构的老年人来说，这些方式难以满足他们对社交、互动和沉浸式体验的需求。VR技术的应用，为老年人的娱乐生活打开了新的大门，使他们能够身临其境地参与各种活动，提升身心健康，增强社交互动，让生活变得更加精彩。

老年人由于行动受限，外出旅行的机会减少，VR旅游成为他们感受世界的一种全新方式。通过VR设备，他们可以“参观”世界各地的著名景点，如埃及金字塔、巴黎埃菲尔铁塔、美国大峡谷等，甚至可以“漫步”在自己童年时居住过的街道，重温过去的美好记忆。一些高端VR旅游项目还提供互动功能，让老年人能够与导游或其他虚拟游客交流，获得更真实的旅游体验。这不仅满足了他们的求知欲，也在一定程度上缓解了因为行动受限而产生的孤独感。

音乐和艺术是许多老年人生活的重要组成部分，VR技术让他们能够重新参与这些活动。虚拟音乐会让他们无须亲临现场，也能感受演唱会、交响乐、歌剧的震撼氛围。甚至可以进入虚拟排练厅，与AI音乐家或其他用户一同演奏，增强音乐互动体验。绘画和雕塑等艺术活动也可以通过VR进行，老年人可以在虚拟空间里自由作画，尝试不同的艺术风格，甚至“站在”博物馆里，近距离欣赏世界名画。这些活动不仅丰富了娱乐方式，也激发了他们的创造力，让生活变得更加有趣。

社交活动在老年人的心理健康中扮演着重要角色，VR社交平台提供了新的社交空间，让老年人可以随时与亲朋好友、兴趣相投的伙伴进行互动。在虚拟社区里，他们可以“面对面”聊天，共同参加活动，如棋牌比赛、虚拟舞会、瑜伽课等。有些养老机构已经开始使用VR技术，让无法外出的老年人能够“走进”家人的客厅，与亲友共度时光。这不仅增加了老年人的社交机会，也让他们在情感上得到更多支持和陪伴。

运动和健身对于老年人的身体健康至关重要，但许多老年人由于身体条件的限制，无法进行过多的户外运动。VR健身游戏成为一种既安全又有趣的运动方式。例如，老年人可以通过VR设备进行太极、瑜伽、划船、骑行等运动，既能锻炼身体，又不会增加受伤的风险。一些健身应用还提供个性化的运动计划，智能系统会根据老年人的身体状况调整运动强度，确保他们能够在舒适的状态下进行锻炼。通过虚拟现实，健身不再是枯燥的任务，而是一种充满趣味的娱乐活动。

VR的另一大优势，是能够帮助老年人进行认知训练和脑力游戏，有效预防和延缓阿尔茨海默病等老年疾病。一些专门设计的VR认知训练游戏，可以刺激大脑活动，提高记忆力、注意力和反应能力，例如，在虚拟超市中完成购物任务、在虚拟图书馆里整理书籍，或者通过解谜游戏进行逻辑思维训练。这些游戏不仅提升了老年人的认知能力，也让他们在娱乐的同时锻炼大脑，降低患病风险，提高生活质量。

对一些老年人来说，VR技术的沉浸感可以作为心理治疗的一部分，帮助他们缓解焦虑、抑郁和社交恐惧。一些VR放松体验，如冥想、森林漫步、海浪声疗法等，能够帮助他们平复情绪，提升心理健康。一些养老机构已经开始在心理治疗中引入VR技术，让老年人通过虚拟环境进行放松和情感疏导。例如，老年人可以在虚拟世界里与心理治疗师对话，在没有外界干扰的情况下表达自己的情感，减少孤独感和焦虑情绪。

VR技术的普及正在改变银发群体的娱乐方式，让他们可以以更加自由、丰富的方式享受生活。无论是探索世界、欣赏艺术、社交互动、运动健身，还是认知训练和心理放松，VR都为老年人提供了全新的可能性。这项技术不仅提升了他们的娱乐体验，也帮助他们保持身心健康，提高生活满意度，让养老生活变得更加丰富多彩。随着VR技术的不断进步和设备成本的降低，相信未来会有越来越多的老年人能够享受到这项技术带来的便利和乐趣。

045 数字化技术如何改善住宅社交生活？

数字化技术显著改善了住宅社交生活，提升了居民的互动体验和社交便利性。首先，智能家居系统使居住环境更加便捷，居民可以通过语音助手控制家中设备，如灯光、温度、音响等，创造一个舒适的居住环境。此外，智能设备通过视频通话、即时消息等方式，让老年人与远方的家人和朋友保持联系，增强互动。

社交平台和社区应用程序的普及使居民能够轻松地参与社区活动，分享兴趣爱好，组织线上或线下聚会，促进了邻里关系的建立和增强社区聚集力。数字化技术还通过AR（增强现实）、VR等技术，提供了更多沉浸式的社交体验，如虚拟聚会、游戏互动等。

总的来说，数字化技术通过便捷的设备、社区平台和沉浸式体验，打破了空间和时间的限制，丰富了住宅社交生活，促进了人与人之间的交流与联系。

046　银发群体的数字鸿沟如何被缩小？

数字鸿沟在银发群体中是一个重要的问题，许多老年人由于缺乏数字技能、设备使用障碍以及信息获取不便，难以享受科技带来的便利。随着智能手机、社交媒体、在线医疗、智慧养老等数字化服务的普及，缩小银发群体的数字鸿沟不仅能提高他们的生活质量，也能带动银发经济的发展，创造更多产业机会。

老年人学习使用数字产品的难点主要集中在界面复杂、操作步骤烦琐、字体过小、按钮不清晰等问题上。许多科技公司已经意识到这个问题，开始推出适合老年人的智能设备，例如大字体、大按钮、简化操作系统的智能手机，以及专为老年人设计的语音助手。语音控制技术的进步，也让不会打字、不擅长触屏操作的老年人可以通过语音指令完成通话、查询天气、播放音乐、设置提醒等操作。这些优化不仅降低了老年人的使用门槛，也增强了他们对智能设备的信任感，提高了日常生活的便利性。

针对老年人的数字培训已经成为许多国家推进智慧养老的重要措施。许多社区和机构开始开设老年人数字技能培训班，教授他们如何使用智能手机、社交软件、在线支付、网络购物等基础技能。有些培训采取一对一指导的方式，由年轻志愿者或家庭成员手把手教学，帮助老年人克服对新技术的恐惧。一些养老机构甚至设置了专门的“数字体验中心”，让老年人在安全的环境下练习操作，提高他们对科技的接受度。数字技能培训不仅让老年人能够享受现代科技的便利，也增强了他们与社会的连接，减少孤独感。

在线医疗和智慧养老的发展，让老年人在健康管理上有了更多选择。许多老年人由于行动不便，无法频繁去医院就诊，而在线问诊、远程健康监测等数字化医疗服务，正好解决了这一难题。一些医疗App简化了预约流程，老年人只需简单几步就能与医生视频通话，减少了不必要的外出奔波。同时，智能健康设备如血压监测仪、血糖仪、智能手环等，能够自动记录老年人的健康数据，并同步给医生和家属，形成远程健康管理体系。让老年人熟悉并使用这些设备，不仅提高了他们的医疗可及性，也让家庭成员可以随时掌握他们的健康状况，增强了安全感。

社交隔离是老年人面临的重要挑战之一，而数字技术能够有效缓解这一问题。许多老年人因为不会使用社交软件，难以与远方的亲友保持联系，而学会使用微信、视频通话、社交App等工具后，他们的社交圈子大大扩展。一些老年人甚至开始在社交平台上分享生活动态、参与兴趣社群、学习新知识，重新融入数字社会。有些企业推出了专门针对老年人的社交平台，界面简单、功能精简，帮助他们轻松上手，让数字社交成为他们日常生活的一部分。

数字支付的普及让许多老年人感到不安，尤其是面对无现金支付环境，他们可能会因为不熟悉而感到被社会“抛弃”。为了帮助老年人适应数字支付环境，许多银行和支付平台推出了适老化服务，比如线下提供专门的老年人柜台，线上推出简化版的支付App，并设有防诈骗提醒功能。一些社区和商店也开始推广“现金+数字支付”并行的方式，确保老年人在过渡期内不会感到焦虑。同时，一些志愿者团队定期组织老年人学习如何使用二维码支付、在线转账等功能，帮助他们安全地融入数字支付体系，减少日常购物的不便。

智能家居技术让老年人的居住环境更加安全、便利，成为缩小数字鸿沟的另一大突破口。一些适老化智能家居产品，如语音控制灯光、智能燃气报警、远程监控门锁等，已经在养老社区和家庭中普及。老年人可以通过简单的语音指令控制家电，而不用担心操作复杂的问题。智能监测设备还能帮助老年人预防意外，例如跌倒报警器可以在老年人发生意外时自动通知家属和护理人员，提供及时救助。这些智能家居技术的推广，不仅提升了老年人的独立生活能力，也让他们能够享受现代科技带来的安全保障。

政府和社会机构的推动，在缩小银发群体数字鸿沟的过程中发挥了关键作用。许多国家出台了数字适老化政策，要求企业优化老年人友好型的数字产品，并鼓励社区设立老年科技体验中心。在一些地区，政府提供补贴，帮助老年人购买智能设备，并提供免费的数字培训课程。有些地方还建立了“老年人数字互助小组”，让已经掌握数字技能的老年人帮助其他同龄人学习，形成互助学习的良好氛围。政府的支持，使得科技适老化从概念逐步变成现实，让更多老年人能够享受到数字化带来的便利。

数字鸿沟的缩小，不仅让老年人融入数字社会，也推动了银发经济的多元化发展。越来越多的企业开始关注老年用户的需求，推出专属的数字产品和服务，如老年专属App、简化版智能设备、语音助手等。银发经济的市场潜力被进一步挖掘，推动了智慧养老、远程医疗、老年社交、数字娱乐等多个产业的发展。老年人从被动适应数字社会，逐步转变为主动享受数字生活，这一变化不仅提升了他们的生活质量，也为整个社会带来了新的经济增长点。

科技的发展不应该让老年人掉队，而是要让他们成为数字化时代的受益者。通过优化数字设备、提供培训支持、发展在线医疗、提升社交便利、推广智能家居、加强政府推动等多种方式，银发群体的数字鸿沟正在逐步缩小。未来，随着科技适老化的进一步深入，老年人的数字生活将变得更加轻松自在，他们的晚年生活也将更丰富多彩。

047　数字化健康管理的发展前景如何?

（一）提升健康监测的精准性与便捷性

随着科技进步，智能健康设备如可穿戴设备、远程监测系统等能够实时追踪健康状况，精准监测血糖、血糖、血糖等关键指标。这些设备能够帮助护士和护理人员及时发现健康问题，并采取相应的措施。未来，随着技术的不断优化，这些设备的准确性和易用性将进一步提升。

（二）个性化健康管理服务

数字化健康管理能够根据老年人的健康数据和生活习惯，提供个性化的健康管理方案。例如，通过人工智能分析老年人的健康历史，制订对应的饮食、运动和药物管理计划。个性化服务的出现，使得顾客能够获得精准定制的健康建议，提升生活质量。

（三）远程医疗与智能护理

随着互联网和5G技术的发展，远程医疗在银发经济中的应用前景十分广阔。老年人即使在家中也可以接受专业的医疗咨询与诊断。同时，智能护理机器人能够辅助进行日常护理，提供健康监测和陪伴服务，有效缓解护理资源不足的问题。

（四）促进健康生活方式

数字化健康管理能够促进健康的生活方式。例如，智能手环可以提醒老年人保持习惯的运动、定时喝水、按时吃药等，帮助使用者养成良好的生活习惯。

048　银发经济中哪些新兴技术最有潜力？

（一）智能健康监测技术

随着健康管理的需求增加，智能健康监测设备，如可穿戴设备（手环、手表、智能眼镜）、远程健康监测系统等，已成为银发经济的重要组成部分。这些设备能够实时监测老年人的生理数据，如心率、血压、血糖等，并通过数据传输到医护人员或家属端，及时发现健康隐患并进行干预。这类技术能够提高老年人的健康管理水平，减少因疾病导致的突发状况。

（二）AI与机器人技术

AI和机器人技术在老年护理中的应用前景广阔。智能助老机器人、陪伴机器人等可以对老年人的日常生活进行辅助，如自动提醒服药、协助行动、提供陪伴等。AI技术也能够在医疗诊断、情感陪伴、个性化健康建议等方面提供支持，大大减轻了护理人员的工作压力，同时提升老年人的生活质量。

（三）VR与AR

虚拟现实和增强现实技术在老年人的康复治疗、娱乐、教育等方面具有广泛应用。VR技术可以模拟各种环境，帮助老年人进行认知训练、情感疏导或是身体锻炼。AR技术可以为老年人提供更直观的导航和帮助，特别是在导航、家居智能控制等方面，增强了他们的独立性和安全感。

（四）智能家居技术

智能家居技术在银发经济中有着巨大的发展潜力。通过智能家居系统，老年人可以方便地控制家中设备，如灯光、空调、门锁等，甚至通过语音控制完成这些操作。这些智能设备能够为老年人提供更安全、更便捷的生活环境，特别是在突发情况下，智能家居技术可以提供自动报警、远程监控等功能，有助于老年人应对紧急情况。

（五）区块链技术

区块链技术的透明性和不可篡改性为银发经济提供了新机会，尤其是在老年人的财务管理、医疗记录、遗产管理等方面。通过区块链技术，可以确保老年人的财务和健康数据的安全性，并能够防止诈骗和不当行为。此外，区块链在建立老年人信任机制、促进社区共享资源方面也具有重要潜力。

（六）大数据与精准医疗

大数据技术能够通过收集和分析老年人健康、生活等多方面的数据，为其提供个性化的健康管理方案。通过精准医疗，结合基因组学、疾病预测分析等技术，可以提前预防疾病、制定个性化治疗方案，极大提高老年人的健康水平和生活质量。

总的来说，银发经济中的新兴技术正在为老年人提供更多的便利、健康管理和生活支持。这些技术不仅改善了老年人的生活质量，还推动了养老产业的发展。随着技术不断进步，未来银发经济将呈现出更加智能化、个性化的趋势。

049 区块链技术在银发经济中有哪些应用场景?

(一)财务管理与资产保护

区块链可用于老年人财务管理,通过智能合约和去中心化存储,确保资产转移和遗产分配的透明性和安全性,避免财务欺诈和信息泄露。

(二)健康数据管理

区块链能够提供安全可靠的健康数据存储,确保老年人的医疗记录、药物使用等信息不可篡改且易于访问,保护隐私并促进跨机构数据共享。

(三)养老金管理

区块链可以优化养老金管理,确保养老金按时发放,且资金流动透明。通过区块链技术,养老金账户的管理更加高效、公正,减少中介机构的成本。

（四）身份认证与社会保障

区块链用于存储老年人身份信息，提供便捷、安全的身份认证，避免伪造身份和信息泄露，简化社会保障流程。

（五）智慧社区与共享经济

区块链技术在智慧社区和共享平台中提供透明的交易记录，促进老年人参与资源共享、服务交换等活动，提高社区信任度。

总之，区块链技术通过提高透明度、安全性和效率，在银发经济中展现出广泛的应用前景。

050　银发经济如何利用无人机技术？

（一）医疗配送

无人机可以帮助老年人快速配送药品和医疗物资，尤其是在偏远地区或交通不便的地方。老年人无须外出，就可以在家中收到所需的药物和紧急医疗用品，提高了生活的便利性和健康保障。

（二）环境监控与安全保障

无人机可以定期巡逻监控老年人居住环境的安全，如检查住宅区周围的状况、识别火灾、气体泄漏等潜在危险。此外，无人机可以帮助老人监测家庭安全，例如检查门窗是否关闭，或进行周边区域的动态监测。

（三）家庭服务和物品搬运

无人机可以协助老年人进行日常生活中的物品搬运和物资收集。例如，送餐、送报纸、搬运购物袋等，减少了老年人外出或搬运重物的麻烦，帮助他们更加独立地生活。

051 银发经济如何利用云计算？

云计算可以为老年人提供更便捷、灵活和高效的服务，以下是几种主要应用方式：

（一）健康管理与医疗服务

云计算可以整合老年人的健康数据，提供个性化的健康管理方案。通过云平台，医疗数据可以实时上传、存储和分析，医生和家属可以随时查看老年人的健康状况，及时进行干预和治疗。这种远程健康监控和数据共享，提高了老年人的医疗服务效率和精准度。

（二）远程养老服务

云计算使得远程养老服务成为可能。老年人可以通过云平台获得线上医疗咨询、心理辅导、社交互动等服务，避免了因出行困难或地理隔离带来的不便。家属也可以通过云平台实时查看老年人的生活状况，确保他们的安全和健康。

（三）智能家居与设备管理

云计算支持智能家居系统，通过云平台集中控制家庭设备（如智能照明、温控系统、安防监控等）。老年人可以通过简单的设备进行家庭环境管理，增强居家生活的舒适性和安全性。

（四）数据存储与共享

云计算提供安全可靠的数据存储服务，确保老年人个人信息、医疗记录、遗产信息等数据的安全和易于访问。云平台可以让老年人与家庭成员、医护人员等共享必要信息，提升生活效率和沟通便利性。

（五）社交互动与娱乐

云计算为老年人提供了丰富的线上社交和娱乐资源。老年人可以通过云平台与家人、朋友进行视频通话，参加在线兴趣班、听音乐、看电影等，丰富他们的社交生活和精神世界。

总的来说，云计算通过提供远程医疗、智能家居、社交互动等多种服务，能够有效提升老年人的生活质量，帮助他们更加独立、安全地生活。

第五章

银发文化与社会融合

052　银发经济如何推动公共基础设施的适老化改造？

银发经济的发展正在推动公共基础设施的适老化改造，社会对于老年人友好型环境的需求越来越大。随着人口老龄化加速，越来越多的老年人希望能够继续保持独立生活，但现有的城市基础设施往往对老年人并不友好，出行、医疗、社交、娱乐等各方面的便利性都亟待提升。在这一背景下，银发经济不仅是消费市场的增长点，也成为推动城市基础设施升级的重要动力。

城市道路和公共交通系统的适老化改造正在成为各地政府关注的重点。老年人由于行动能力下降，对交通环境的要求更高，许多城市开始优化人行道，让路面更加平整，减少坑洼，避免老年人跌倒受伤。过马路时，红绿灯的倒计时延长，让老年人有足够的时间通过路口，减少交通事故的发生。无障碍坡道、电梯和手扶电梯的普及，让老年人能够更加轻松地出行，不再受楼梯的困扰。公交车的适老化改造也在加快推进，低地板公交车的推广，使得老年人上下车更加方便，车内的座椅也更符合人体工学，确保他们的乘车安全。

公共场所的适老化设施正在逐步完善，商场、公园、医院等场所都在进行适应老年人需求的改造。公园和休闲场所的适老化设计也在增加，例如铺设防滑步道、增加休息长椅、安装无障碍卫生间等，让老年人能够更舒适地进行户外活动，促进身心健康。

医疗服务的基础设施也在随着银发经济的发展而不断优化。医院和社区诊所开始提供更加人性化的老年医疗服务，一些大医院设立了老年人专属就诊通道，减少他们在医院里长时间排队等候的情况。家庭医生和远程医疗技术的结合，使得老年人能够在家中获得基本的健康咨询和慢病管理服务，减少不必要的就医负担。智慧医疗设备的普及，如远程血压监测、智能药盒等，也让老年人能够更好地管理自己的健康，同时减轻医院的压力，提高医疗资源的使用效率。

老年人的社交和文化活动场所也在适老化改造中得到改善。许多社区开始建设老年活动中心，提供棋牌室、书法教室、健身房等场所，让老年人有更多机会进行社交和娱乐。图书馆、博物馆、剧院等文化场所也在推出适老化服务，如设立老年人专用座位、增加语音导览设备、提供更大的字体阅读材料等，让老年人能够更加轻松地参与文化活动。科技的应用也在其中发挥作用，一些地方开始建设虚拟现实（VR）体验馆，让老年人能够通过技术手段“游览”世界各地的风景名胜，即使行动不便也能享受到丰富的文化体验。

智慧养老社区的建设正在成为银发经济的重要方向，越来越多的城市在改造老旧小区时，引入智能养老技术，让老年人生活得更加安全、便捷。智能门禁系统、远程监控、智能家居等设备的安装，让独居老年人的居住环境更加安全，一旦发生意外，系统可以自动报警并通知家属或物业。老年人友好型物业管理也在逐步推广，社区工作人员经过专门培训，能够提供更加贴心的服务，如上门维修、送餐、生活照料等服务，让老年人在熟悉的环境中安享晚年，而不必搬入养老机构。

城市规划的适老化理念正在深入人心，未来的城市将更加注重“全龄友好型”设计，而不仅仅是针对年轻人群体。城市绿化、公园、广场等公共空间的设计将更加考虑老年人的需求，减少过于陡峭的地形，增加遮阳设施和休息座椅，让老年人能够更舒适地享受户外活动。步行友好型社区的打造，将使得老年人能够在家门口就能找到商店、医院、公园等必要的生活设施，减少出行难度，提高生活便利性。

随着银发经济的不断扩大，适老化改造不再仅仅是社会福利项目，而是蕴含着巨大的市场机会。越来越多的企业开始关注这一领域，推出适合老年人的智能产品和服务，如智能代步车、适老化家居、老年健康管理App等。这些市场需求的增长，推动了企业的技术创新和产品升级，同时创造了大量就业机会，使得银发经济成为经济增长的新动力。

政府的政策引导和财政支持，对于公共基础设施的适老化改造至关重要。许多国家已经出台了针对适老化城市建设的专项政策，例如提供财政补贴，鼓励企业和社区进行无障碍改造，推动智慧养老基础设施的建设。在一些地区，政府与企业合作，共同投资建设适老化社区，确保老年人能够享受更加现代化、智能化的养老环境。同时，城市规划部门在新建建筑和基础设施时，越来越多地采用适老化设计标准，确保未来的城市能够满足各年龄层居民的需求。

银发经济的蓬勃发展，让公共基础设施的适老化改造成为必然趋势。这不仅是对老年人权益的保障，也是在构建更加包容和可持续的社会环境。通过科技创新、政策引导、市场推动和社区参与，未来的城市将更加适合老年人居住和生活，让他们在享受现代化便利的同时，也能保持独立和尊严。

053 如何构建多层次社会保障体系以适应银发经济？

构建多层次社会保障体系，是适应银发经济发展的关键。随着老龄化进程加快，传统的单一养老保障模式已经无法满足老年群体日益多元化的需求，需要在基本养老、医疗保障、长期护理、社会支持等方面进行系统性完善，形成一个覆盖广泛、层次丰富、可持续发展的社会保障体系，让老年人不仅“老有所养”，更能“老有所安”。

养老保障体系的完善是银发经济发展的核心。单靠政府提供的基本养老金，难以满足老年人的全部需求，因此，社会需要构建基本养老保险、企业年金、个人商业养老保险相结合的养老保障体系。基本养老保险为所有人提供基础性的养老保障，确保老年人基本生活无忧。而企业年金和职业年金，则可以通过单位和个人共同缴费，提高退休后的收入水平，激励企业更积极地参与养老体系建设。个人商业养老保险的普及，为不同收入群体提供更灵活的养老规划，让有条件的老年人能够根据自身需求选择更优的养老方式。

医疗保障的完善，是确保老年人健康的重要支撑。老年群体的医疗需求较高，慢性病、突发疾病、康复护理等问题，都需要健全的医疗保障体系来支撑。基本医疗保险应覆盖所有老年人，确保他们能够享受基本医疗服务。同时，补充医疗保险和商业健康险，为不同需求的老年人提供更精细化的医疗保障。例如，慢病管理、长期康复护理、家庭医生服务等，可以通过政府与市场相结合的方式推进，让医疗资源更加合理分配，减少老年人因医疗费用负担过重而陷入经济困境。

长期护理保障体系的建立，是应对高龄化社会的重要举措。许多老年人在晚年阶段，需要长期照护，而目前家庭护理负担较重，专业护理资源有限，亟须建立一套完善的长期护理保障体系。可以通过政府主导、社会参与的方式，推行长期护理保险，覆盖居家护理、社区照护、养老机构护理等多种形式，让失能或半失能老人都能获得适当的照护服务。同时，引入市场化的护理机构，让社会资本参与养老护理行业，提高护理服务质量，缓解家庭护理的压力。

社会支持体系的完善，能够让老年人更有尊严地融入社会。除了基本的经济和医疗保障，老年人的心理健康、社会参与、文化娱乐等需求也应得到关注。社区服务体系的建设，让老年人在家门口就能享受健身、兴趣培训、社交活动等服务，减少孤独感，提升生活幸福度。志愿者服务体系的推广，让更多年轻人参与到老年人关爱行动中，形成代际互动，促进社会融合。老年友好型城市的打造，改善公共基础设施、优化出行环境、提升适老化服务水平，让老年人能够更加便捷地参与社会活动。

数字技术的应用，为银发经济提供了更多保障手段。智能健康监测设备，可以实时跟踪老年人的健康状况，提高疾病预防和管理的效率。远程医疗服务，让老年人足不出户就能获得医生的问诊和健康建议，降低就医成本。智慧养老系统，结合大数据分析，为政府和养老机构提供更精准的服务规划，提高社会保障的精准度和覆盖率。同时，数字支付、智能客服等技术的优化，降低了老年人使用现代科技的门槛，让他们能够更加便捷地享受社会保障体系带来的福利。

社会保障体系的可持续发展，需要财政政策、税收政策和社会资本的共同支持。政府可以通过优化养老金投资管理，提高基金收益，确保养老金制度的可持续性。同时，鼓励企业提供更多养老福利，例如增加企业年金缴费比例，为员工提供健康管理服务等，让企业成为社会保障体系的重要参与者。此外，鼓励社会资本进入养老产业，推动商业保险、养老地产、智慧健康等领域的发展，形成政府、企业、个人共同参与的保障体系，确保老年人能够长期、稳定地享受社会保障服务。

银发经济的发展，要求社会保障体系从“单一保障”向“多层次覆盖”转型，让不同收入、不同需求的老年人都能找到适合自己的养老方式。通过基本养老保险、医疗保障、长期护理、社会支持、科技应用等多方面的协同推进，社会可以构建一个更加完善的银发经济保障体系，让老年人在享受科技进步和经济发展的同时，也能拥有更加安心、健康、幸福的晚年生活。

054 银发经济如何促进公共交通系统的无障碍设计？

银发经济的发展正在推动公共交通系统的无障碍设计，越来越多的老年人希望能够保持独立出行，而传统的交通设施往往存在诸多障碍，使得他们的出行变得困难。无论是地铁、公交车、出租车，还是步行环境，都需要进行适老化改造，让老年人能够更加安全、便捷地融入社会。

公交车的设计正在向更加人性化的方向发展，许多城市开始推广低地板公交车，减少老年人上下车的难度。传统公交车的台阶较高，老年人腿脚不便时容易摔倒，而低地板公交车的无障碍通道，让轮椅使用者、拐杖使用者也能轻松上下车。车厢内部的座椅设计也在优化，增加了老年人专座，座位高度适中，靠背舒适，扶手更加稳固，防止老年人在车辆行驶过程中滑倒。一些城市还推出了“敬老公交卡”，让老年人可以免费或低价乘坐公共交通，提升出行的便利性。

地铁站的无障碍设施逐渐完善，以满足老年人的出行需求。许多老年人需要使用电梯，而传统地铁站往往缺乏无障碍电梯，或者电梯数量不足，导致行动不便的乘客需要绕远路。为了改善这一情况，越来越多的地铁站开始增设无障碍电梯，并在地面、站台、换乘通道等关键位置提供更加清晰的引导标识，让老年人能够轻松找到无障碍通道。地铁站内的座椅设计也在改进，增加了更多候车座椅，特别是在换乘通道、站台等老年人可能需要停留的区域，让他们可以随时休息。

出租车行业也在适应银发群体的需求，越来越多的城市推出了“适老化出租车”服务。传统出租车的车门较高，座位空间狭窄，老年人上下车不方便，因此一些城市开始推广适老化车型，例如车门开合角度更大、车内空间更加宽敞、座椅高度符合人体工学，便于老年人落座。此外，一些出租车公司还推出了“老年人专车”服务，乘客可以提前预约，由专业司机接送，并提供额外的帮助，例如协助上下车、帮忙拿行李等，让老年人的出行体验更加贴心。

步行环境的优化是无障碍交通系统的重要组成部分，许多城市正在改造人行道，让老年人能够更加安全地步行。传统人行道往往存在台阶、坑洼、路面不平整等问题，老年人行走时容易摔倒，因此市政部门开始推广“无障碍步行道”，确保人行道表面平坦，并增设防滑设计，减少雨雪天气带来的安全隐患。路口的红绿灯时间也在调整，一些城市增加了“行人按钮”功能，老年人可以按下按钮，延长绿灯时间，确保有足够的时间安全通过马路。此外，更多的人行道增设了座椅，让老年人可以随时休息，缓解疲劳，提高出行的舒适度。

智慧科技的应用正在让公共交通变得更加智能化，为老年人提供个性化的出行服务。许多公交、地铁车站开始推广语音导航系统，老年人可以通过手机或站内的智能设备，获取实时的出行信息，例如车辆到站时间、换乘路线等，减少因不熟悉路线而产生的困惑。一些城市还推出了“老年人一键叫车”服务，老年人只需按下一个按钮，就能预约出租车或网约车，无需复杂的操作，提高出行的便捷性。人工智能客服系统也在逐步普及，老年人可以通过语音对话的方式咨询交通信息，避免因不会使用智能手机而感到困扰。

公交站台的设计也在向适老化方向优化，越来越多的公交站开始加装遮阳棚和座椅，让老年人在等车时不至于暴露在烈日或寒风中。站台的地面也采用了防滑材料，减少雨天滑倒的风险。一些城市甚至推出了“智慧公交站”，站台上配备了电子屏幕，实时显示车辆到站时间，老年人不需要焦急等待，而是可以合理安排时间，提高出行的舒适度。

政府的政策支持对无障碍交通建设起到了推动作用，许多国家和地区出台了专门的适老化交通改造计划，为企业提供财政补贴，鼓励公共交通部门和科技公司开发更加适合老年人的出行服务。一些地方还成立了“老年人交通顾问团”，邀请老年人参与公共交通的设计和改造，确保方案能够真正符合他们的需求。社区层面的互助服务也在发展，一些志愿者团队会定期组织老年人出行，帮助他们熟悉公交路线、学习使用智能设备，甚至在上下车时提供协助，减少他们对公共交通的恐惧感。

银发经济的发展不仅推动了无障碍交通设施的完善，也创造了新的市场机会，越来越多的企业开始关注适老化交通产品的研发。例如，一些汽车制造商开始生产专门适用于老年人的智能电动代步车，提供更加灵活的短途出行方案。一些科技公司则推出了专门的老年人出行App，提供一站式交通查询、预约、支付等功能，减少老年人使用互联网的障碍。随着市场需求的增长，适老化交通服务的商业模式也在不断优化，公共交通系统正逐步向更加包容、智能、便捷的方向发展。

公共交通的无障碍改造不仅提升了老年人的出行体验，也让整个社会变得更加友好和包容。老年人能够更加自由地出行，意味着他们可以更频繁地参与社交活动、享受文化娱乐、接受医疗服务，提高生活质量。未来，随着适老化交通技术的不断进步和政策的进一步推动，公共交通系统将变得更加便利、安全，让所有年龄段的人都能享受无障碍出行的便利。

055 如何打破银发群体的社会隔离现象？

银发群体的社会隔离现象正在成为全球老龄化社会中的一大挑战。许多老年人因退休、子女离家、身体机能下降等因素，社交圈逐渐缩小，导致孤独感加剧，甚至引发焦虑、抑郁等心理健康问题。如何让老年人重新融入社会，保持积极的社交互动，不仅关乎他们的身心健康，也关系整个银发经济的发展。通过社区活动、数字科技、志愿者服务、跨代交流等方式，可以有效打破银发群体的社会隔离，构建一个更加包容和充满活力的老龄社会。

社区活动的丰富性直接影响老年人的社交机会。许多老年人在退休后缺乏稳定的社交场所，导致生活节奏变得单一。许多城市开始建立“老年友好型社区”，在社区活动中心设立棋牌室、书法班、健身房、舞蹈教室等，鼓励老年人参与兴趣小组，增加社交互动的机会。定期举办文化节、手工艺展、摄影比赛等活动，让老年人有展示自我的机会，同时也能结识志同道合的朋友。许多社区还鼓励老年人参与志愿者活动，例如帮助照顾独居老人、协助社区清洁等，这不仅提升了他们的社会价值感，也减少了孤独感。

数字科技正在成为老年人打破社会隔离的重要工具。许多老年人对智能手机和社交软件不熟悉，导致他们在数字时代中逐渐被边缘化。为了解决这一问题，许多地方开设了“老年人数字课堂”，由年轻志愿者或社区工作人员教授老年人如何使用微信、视频通话、在线支付等基础技能，让他们能够通过网络保持与家人、朋友的联系。一些专门为老年人设计的社交平台也在兴起，例如简化版的聊天软件、老年人兴趣社区等，帮助他们更容易地融入数字社交圈。智慧养老系统的普及，使老年人能够远程参与社区活动，例如在线听讲座、远程健身课程等，即使行动不便，也能通过科技与外界保持联系。

志愿者服务在老年群体中发挥着重要作用。许多老年人由于身体状况或交通问题，难以主动参加社交活动，因此志愿者上门服务成为帮助他们打破社会隔离的重要方式。例如，一些城市推出了“银龄互助”计划，让相对健康的老年人帮助行动不便的同龄人，形成老年人之间的互助网络。此外，一些大学生志愿者团队定期探访独居老人，陪他们聊天、教他们使用电子设备、陪同就医等，这种跨代互动不仅让老年人感受到陪伴，也让年轻人更加理解和尊重老年群体。

跨代交流的增加可以有效减少老年人的孤独感。许多国家已经开始鼓励“跨代共居”模式，让年轻人和老年人共同生活，例如大学生可以以较低的租金住在老年公寓中，条件是定期陪伴老年人聊天或帮助他们完成家务。这种模式不仅缓解了年轻人的住房压力，也让老年人有了固定的社交对象。家庭内部的跨代交流同样重要，一些家庭开始推行“家庭聚会日”，让老年人与子孙后代定期共度时光，增进亲情联系。一些社交平台也推出了“家庭共享相册”功能，让老年人可以随时看到家人的照片和视频，即使不在身边，也能感受到家庭的温暖。

户外活动的增加可以让老年人更容易接触到新的社交圈。许多城市开始建设适老化的公园步道，让老年人能够放心地进行户外散步、晨练、太极等活动。一些养老机构还组织“老年旅行团”，带领老年人到不同的城市或自然景区旅游，增加他们的社交机会。对于一些行动不便的老年人，虚拟现实（VR）旅游成为新选择，他们可以通过VR设备“游览”世界各地的风景，甚至参与虚拟旅行团，与其他老年人在线互动，体验共同旅行的乐趣。

老年大学的普及为老年人提供了更多学习和社交的机会。许多老年人退休后仍然希望继续学习，但缺乏合适的教育资源。老年大学提供语言、绘画、音乐、历史、计算机等多种课程，让老年人能够在学习的同时结识新朋友。课程结束后，许多学员会组成学习小组，继续保持联系，形成长期的社交关系。一些在线教育平台也开始推出老年人专属课程，让行动不便的老年人也能在家中继续学习，避免因身体状况限制而被社会隔离。

政府政策的支持对于解决银发群体的社会隔离问题至关重要。许多国家已经开始制定“积极老龄化”政策，鼓励企业和社区组织更多适合老年人的社交活动。例如，一些地方政府提供补贴，支持社区开展老年人社交项目，或者与企业合作，为老年人提供低价或免费的娱乐和文化活动。一些地区还推出了“老年友好型城市”认证，推动公共设施、交通、医疗服务等向适老化方向发展，让老年人能够更轻松地走出家门，参与社会活动。

社会企业和商业模式的创新正在为银发群体提供更多社交机会。越来越多的企业开始关注老年人的社交需求，推出针对老年人的社交俱乐部、兴趣活动平台、适老化旅游产品等。例如，一些社交餐厅专门为老年人设计，让他们可以在用餐时与同龄人交流；一些健身房推出了专门的老年人课程，让他们能够在运动中结识新朋友。养老社区也在向更加社交化的方向发展，例如引入共享厨房、社区花园、老年人创业孵化中心等，让老年人不仅能享受基础的养老服务，还能在社区内找到归属感。

银发群体的社会隔离问题正在得到越来越多的关注，通过社区活动、数字科技、志愿者服务、跨代交流、户外活动、老年教育、政府支持和商业创新等多种方式，可以有效帮助老年人重新融入社会，提升他们的生活质量和幸福感。未来，随着银发经济的进一步发展，老年人将拥有更多社交选择，让晚年生活更加丰富多彩。

056 银发群体的文化需求有哪些特点？

银发群体的文化需求具有独特性，主要体现在以下几个方面。

兴趣主题多样化。随着年龄的增长，老年人的文化兴趣往往更加多样化，不仅包括传统的文学、音乐、戏剧等，也包括现代的科技、健康和旅行等领域。许多时候他们能够开展全身健康的文化活动，如太极、瑜伽等，表现出内在的兴趣。

情感需求突出。银发群体更注重情感的联结与归属感，他们的文化活动不再追求单纯的娱乐，更多的是为了加强与他人、与社会的联系。例如，银发群体喜欢参与合唱团、老年大学等，这些活动能够给他们带来社交和心理满足。

定制化和易接受的需求。银发群体倾向于参加适合自身健康状况和兴趣的文化活动，如特定的读书会、电影放映、手工艺课程等。活动形式易懂，操作简单，适应老年人的身体状况和认知特征。

总体而言，银发群体的文化需求具有多样性、情感性和定制化，体现了他们对精神文化生活的丰富需求。

057　如何通过活动增强银发群体的归属感？

（一）集体活动与社会互动

组织以集体参与主导的文化活动，如合唱团、舞蹈班、戏剧表演等。这些活动不仅可以使参与者发挥自己的兴趣和特长，还能增强群体之间的互动和交流，培养友谊和团队精神，从而增强归属感。例如，通过定期的社区聚会、节庆活动，参与者可以与邻里建立联系，形成社会支持网络。

（二）情感与怀旧故事

通过组织怀旧的活动，如经典电影放映、老歌演唱会、传统节庆庆祝等，可以唤起老年人的美好记忆，增强对文化和历史的认同感。

（三）跨代互相影响

跨代互动是增强银发群体归属感的有效方式。通过组织老年人与青少年共同参与的文化活动，如亲子绘画、讲故事、手工艺制作等，不仅能促进代际沟通，还能帮助老年人感受到家庭和社会的关爱与束缚。代际合作和文化传承能够让老年人觉得自己在家庭和社会中扮演着重要的角色。

（四）定制化与兴趣导向活动

文化活动应根据银发群体的兴趣和需求进行定制，例如健康讲座、书画交流、手工艺制作等。这些活动不仅能帮助他们保持身体活力，还能让他们处于独特的兴趣领域，找到认同感和成就感。定制化的文化活动能够让老年人感受到尊重和关心，进一步增强归属感。

（五）文化与社会服务相结合

结合文化活动与社会服务，如通过文化志愿者服务、寺庙艺术展览等，为个人提供展示才艺的机会，同时让文化活动获得社会认可。

通过有意义的集体文化活动、跨代互动和定制化的文化体验，银发群体能够在社会中找到更多的归属感，提升自我价值感和心理健康。

058　银发经济如何推动社区建设与邻里互助？

（一）老年人参与社区管理与活动

银发经济的崛起推动了老年人群在社区治理中的角色转变。通过成立老年人委员会或组织社区老年人协会等，老年人可以直接参与社区的规划和建设，为邻里提供宝贵的经验。

（二）邻里互助平台与社交网络

随着银发经济的发展，越来越多的社区建立了邻里互助平台，鼓励邻里互助。例如，互助平台可以提供共享服务，如互借工具、代买生活用品、陪伴散步等。这些平台能够减少老年人之间的隔离感，提高他们的生活质量，同时增强邻里的信任与团结。

（三）智慧社区与数字化支持

数字化技术和智慧社区的应用进一步促进了银发社区的参与。在智慧社区中，社区可以通过智能设备、社交平台等进行社区活动的组织与互动。这不仅方便大家获取社区信息，还可以通过数字平台参与邻里交流和志愿服务，促进邻里互助。

（四）志愿者服务与社会关怀

银发经济还推动了更多的志愿服务项目和社会关怀活动。例如，社区可以组织年轻人或其他志愿者作为志愿者，帮助有需要的银发群体。通过这种方式，年轻人与老年人之间的关系更加紧密，也有利于创造一个互助的社区环境。

（五）健康与安全保障体系

银发经济推动了社区中老年人健康与安全服务的建设。社区可提供健康检查、定期护理、紧急援助等服务，并通过邻里互助团队对孤寡老人进行照护。此外，建立紧急应急机制和安全防护设施，也能有效促进邻里之间的互助合作。

（六）文化活动与社交空间

文化活动和社交空间是推动邻里互助的途径。银发经济不仅推动了社区内文化中心、老年大学、兴趣小组等的重要建设，还为街道提供了丰富的社交和学习机会。这些活动有利于促进社区成员之间的互动，还增强了各个团体之间的互助与支持，提升社区整体的和谐度。

059　哪些产品或服务最受老年人欢迎?

（一）健康与医疗产品

健康管理是老年人最关心的领域。老年人普遍需要监测自身健康状况，因此，健康监测设备如智能手表、血压计、血糖仪等成为热门产品。此外，保健品和营养补充品，如钙、维生素、抗氧化剂等，帮助老年人维持身体健康，也非常受欢迎。远程医疗服务和数字健康管理平台的兴起，让老年人可以便捷地进行在线咨询和健康监测，减少了就医的负担。

（二）适老化居家产品

随着老年群体对居住环境的舒适性和安全性要求提高，适老化家居产品需求旺盛。例如，防滑地板、无障碍浴室、扶手、升降椅和智能家居设备（如自动照明、智能温控系统）等产品被广泛接受。这些产品不仅提升了老年人的居住安全性，还使他们能够更独立地生活。

（三）养老服务和护理

随着老年人健康状况的变化，长期护理服务需求日益增加。家庭护理、日间照料中心和老年公寓等养老服务形式受到青睐。此外，针对老年人的个性化护理服务，包括健康监护、心理疏导和康复服务等，也越来越受到欢迎。

（四）娱乐与休闲活动

老年人对精神和社交活动的需求日益增加，特别是在线教育、兴趣班和老年旅游服务等活动非常受欢迎。随着技术的发展，老年人也越来越多地参与在线课程和社交平台，丰富了他们的娱乐和学习体验。

060 如何利用社交媒体平台增强银发群体的社会参与感？

社交媒体平台正在成为银发群体连接社会的重要工具，越来越多的老年人开始尝试使用微信、抖音等平台，分享生活、获取信息、结交朋友。在数字化时代，如何让银发群体更好地利用社交媒体，增强社会参与感，让他们在网络世界中找到归属感，是一个值得探讨的话题。

老年人进入社交媒体的第一步通常是与家人保持联系。很多老年人由于子女在外地工作，日常相聚的机会有限，微信视频通话、家庭群聊成为他们了解家人动态的重要渠道。一些家庭开始设立“家庭共享相册”，让老年人随时查看子孙的日常生活，减少距离感。有些社交平台还推出了“长辈模式”，界面简洁、字体更大，让老年人能够更轻松地浏览信息，享受科技带来的便利。

兴趣社区的建立让老年人在社交媒体上找到了属于自己的圈子。许多老年人退休后有更多时间发展兴趣爱好，书法、绘画、摄影、太极、手工艺等爱好在社交平台上形成了专属社群。例如，抖音和B站上有许多老年人学习音乐、跳舞，并分享自己的创作，让他们的才华被更多人看到。一些平台的“老年大学”板块提供各种免费或低价的在线课程，让他们不仅可以学习新技能，还能与同龄人互动交流，形成学习型社交圈。

直播和短视频内容正在成为银发群体表达自我的新方式。许多老年人开始尝试在抖音、快手等平台分享自己的日常生活、养生心得、厨艺，甚至和年轻人互动，形成跨代沟通的桥梁。一些“银发网红”凭借幽默风趣的风格，积累了大量粉丝，改变了社会对老年群体的刻板印象。这种方式不仅让他们重新找回社会价值感，还带动了银发经济的商业机会。

健康与养生话题在老年社交圈中受到极大关注。社交媒体上的健康科普内容、养生知识、医疗建议成为老年人获取健康信息的重要渠道。一些专业医生和健康机构在社交平台上开设专栏，提供老年病防治、运动康复、心理健康等方面的知识，让老年人更科学地管理自己的身体。此外，许多老年人在社交媒体上分享自己的健康经验，例如如何控制血压、如何保持锻炼习惯，让他们在互动中获得支持和鼓励，形成积极向上的健康生活方式。

志愿者活动和公益项目正在借助社交媒体吸引更多老年人参与社会事务。许多城市的公益组织通过社交平台招募志愿者，使老年人可以利用自己的时间和经验，参与社区建设、帮助其他有需要的群体。一些老年人选择加入线上志愿服务团队，为视障人群朗读书籍、为青少年提供人生经验指导，甚至在社交平台上发起公益倡议，呼吁关注老年人权益。这些活动不仅提升了他们的社会参与度，也增强了他们的归属感和自我认同。

社交媒体平台的情感支持功能帮助许多老年人克服孤独感。许多独居老人缺乏日常社交，但在社交平台上，他们可以找到倾诉和交流的对象，一些老年心理支持群、情感交流论坛为他们提供了安全的沟通空间。有些平台专门设立“银龄聊天室”，让老年人可以通过视频或语音聊天结识新朋友，甚至开展线上聚会，让他们即使在家，也能享受丰富的社交生活。

智能客服和AI助手的优化让老年人更容易使用社交媒体。一些社交平台已经开始推出适老化客服系统，提供一键咨询、语音导航等功能，帮助老年人解决账号注册、隐私设置、内容查找等问题。此外，AI语音助手能够帮助老年人进行语音搜索、发送信息，减少因不熟悉智能设备而产生的焦虑感。这些技术的进步，让老年人更容易融入数字社交环境，享受更加顺畅的用户体验。

跨代交流在社交媒体上变得更加频繁，一些平台推出了“家庭任务挑战”，鼓励老年人与年轻人共同参与短视频创作、舞蹈挑战、厨艺比赛等活动，增加家庭成员之间的互动。一些老年人开始关注年轻人的兴趣话题，例如动漫、电竞、潮流文化，在社交平台上与年轻人讨论，打破代际隔阂，形成更加多元的社交网络。这种互动不仅让老年人感受到年轻文化的活力，也让年轻人对老年人的生活方式有了更多理解。

政府和社会机构的推动让更多老年人开始拥抱社交媒体。许多地方政府设立了“数字助老”项目，通过社区讲座、线上课程、老年人体验中心等方式，帮助他们学习如何使用社交媒体。一些社交平台也在积极推广“适老化模式”，优化界面、简化操作，让老年人能够更加轻松地浏览信息、发布内容、参与互动。此外，政府和社交平台合作，开设老年人政策解读、法律援助、社保信息查询等功能，让老年人能够在社交媒体上获得实用的社会服务，提高他们对公共事务的参与度。

银发经济的快速发展，让社交媒体平台成为老年人社交、学习、娱乐、健康管理、公益参与的重要渠道。通过家庭沟通、兴趣社群、短视频创作、健康管理、志愿者活动、情感支持、跨代互动等方式，社交媒体不仅帮助老年人摆脱孤独感，也让他们重新找回社会价值。随着技术的不断优化和社会的适老化进步，未来将有更多老年人能够融入数字世界，享受社交媒体带来的便利与乐趣，让晚年生活更加丰富多彩。

061　银发经济如何推动社区养老服务的创新模式?

银发经济的发展，正悄然推动着社区养老服务模式的不断更新与迭代。老年人口的迅速增加，使传统的养老方式难以满足多样化、个性化的需求。在这样的背景下，社区养老作为“家门口的养老方式”，开始迎来前所未有的发展机遇。社区养老服务的创新，不再只是解决吃饭、洗衣、看病等基础问题，而是围绕“让老年人活得更有尊严、更有价值”这个核心，展开更加多元、智慧、人性化的探索。

很多城市的社区开始引入“嵌入式养老”模式。这种模式的核心是将养老服务嵌入居民日常生活的空间中，比如把社区内的闲置空间改造成日间照料中心、康复室、老年餐厅或文娱活动中心，让老年人在不离开熟悉环境的前提下，就能享受高品质服务。与传统机构养老相比，嵌入式养老更贴近老人的生活习惯，也减轻了他们对“养老院”的心理排斥感。同时，这种模式还能实现资源的高效利用，提升社区整体的公共服务水平。

数字化和智慧养老成为社区养老创新中最具活力的力量。越来越多的社区开始引入智能设备，如紧急呼叫器、跌倒报警器、智能床垫、远程健康监测手环等，实现对老年人健康状况的实时监测。一些智慧养老平台也正在普及，老年人或其家属可以通过手机App预约护理服务、线上问诊、订餐送药，甚至还能参加远程康复课程和兴趣小组。对于独居老人来说，这种“科技+照护”的模式，不仅提升了安全感，还让生活更自主、更有尊严。

社区食堂和助餐服务是很多老年人最关心的服务之一。随着银发经济的发展，越来越多的社区开始改造传统食堂，推出“老年人智慧食堂”模式。老年人可以通过刷卡或人脸识别自助取餐，营养师根据健康档案制定个性化菜单，甚至还能通过健康监测系统实时调整饮食结构。有些社区还组织“家庭式共餐”，鼓励老年人和邻里朋友一起吃饭，既解决了营养问题，也缓解了孤独感。

医养结合在社区养老中也变得更加成熟。过去很多老年人因为小病小痛频繁往返医院，既不方便也不经济。现在，很多社区卫生服务中心和养老服务站点开始整合资源，打造“医、护、康、养”一体化的服务体系。通过与医院建立绿色通道、配备家庭医生、引入中医理疗和心理辅导服务，老年人在家门口就能享受到持续的健康管理。这种连续性、专业化的照护模式，大大减轻了家庭负担，也有效延缓了老年人失能的速度。

在照护服务之外，社区养老服务的创新也体现于精神文化层面。老年人不仅需要吃饱穿暖，更需要心灵的满足。许多社区开始组织“老年大学”“兴趣社团”“银发讲堂”等活动，让老人有机会学习书法、舞蹈、手工艺，甚至参与社区治理、传授经验给年轻人。老年人从“被照顾者”变成了“贡献者”，不仅激发了他们的活力，也增强了社区的凝聚力。

一些社区探索出“时间银行”的养老模式也值得关注。这是一种以互助为核心的创新服务方式，比如年轻人帮邻居家的老人遛狗、买菜，所获得的服务时间就可以存入“时间银行”，等自己年老或有需要时，用这些时间换取他人的帮助。这样的机制鼓励社区内部形成良性的互助文化，不仅解决了部分人力紧张的问题，也提升了老年人之间的互信与支持。

社区养老服务的创新，还越来越重视家庭的参与。养老不仅是社会的责任，也是家庭不可或缺的一部分。现在不少社区推出“家庭照护培训”项目，教会子女如何为老人测血压、合理饮食、心理沟通，让家属成为养老的合伙人。有些地方甚至设立“亲情假期”，鼓励子女每年陪父母一段时间，减轻老年人的精神孤独。同时，也在制度上给予家庭照护一定的补贴或福利，真正实现“家庭+社区”的联动照护体系。

企业和社会组织的加入，也为社区养老注入了更多活力。许多商业机构开始与社区合作，提供专业化、个性化的养老产品和服务，如康复辅具租赁、适老化装修、老年金融服务、康养旅游等，丰富了老年人的生活场景。一些社会组织则专注于心理关怀、法律咨询、文化陪伴等软性服务领域，为老年人提供更贴心的支持。这种多元主体共建共享的模式，让社区养老不再只是“政府办事”，而是“全民参与”。

银发经济的发展正在改变人们对养老的传统想象。社区，不再只是老年人安度晚年的场所，而正在成为一个包容、多元、充满活力的共融空间。社区养老服务的创新，不是简单地堆砌服务项目，而是围绕老年人的真实需求，用科技、文化、关怀搭建一个细致入微的支持网络。

未来，随着人口结构的进一步变化，社区养老服务将继续深化与银发经济的联动。通过打通线上线下的服务资源，挖掘老年人的潜能与价值，构建更智能、更人性化、更可持续的养老模式，银发经济将不再只是“养老的经济”，更是“美好老年生活的经济”。而社区，则将成为这种美好生活的起点和依托。

062　如何通过文化和教育活动提升银发群体的心理健康？

随着银发经济的不断发展，老年群体在社会中的地位逐渐提升，然而，随着年龄的增长，他们的心理健康问题也日益突出。孤独感、焦虑、抑郁等情绪困扰着大量老年人，尤其是退休后的空虚感和失落感，导致很多老年人在晚年面临心理健康问题的挑战。通过文化和教育活动，能够有效提升银发群体的心理健康，增强他们的生活质量和幸福感。文化和教育活动为老年人提供了表达自我、社交互动、学习新知识、追求兴趣爱好的平台，帮助他们从多方面改善心理状态。

在老年人的日常生活中，许多文化和教育活动有助于打破孤独感和隔离感，促使他们主动参与到社会生活中。

通过老年大学、兴趣小组和社交活动，老年人能够结识新朋友，交流经验，培养兴趣，增加对生活的热情。例如，许多社区提供书法、绘画、舞蹈、摄影等课程，让老年人能够参与到艺术创作中，释放情感。这种文化活动不仅让老年人重新找到自我价值，也促进了他们与他人的互动，建立起更加丰富的人际关系。通过这些社交活动，老年人能够感受到自己在社会中的重要性，从而有效降低孤独感和抑郁情绪。

精神文化活动对老年人的心理健康尤为重要。许多老年人因为长期没有进行有意义的文化娱乐活动，容易感到生活乏味、无聊。通过图书馆、博物馆和文化中心的参观学习，老年人能够增加知识储备，提升自我认同感。在一些地方，老年人还会通过读书会、历史讲座等形式，参与到文化传播中，从而带来精神上的满足和充实。文化的力量帮助老年人保持对生活的热爱，给他们带来更多的正向激励。这些活动不仅促进了老年人思维的活跃，也增强了他们的自信心和满足感。

对于一些长期经历健康问题或慢性病的老年人来说，教育活动特别是在心理健康方面的教育活动，能够帮助他们建立健康的生活方式和积极的心态。一些社区和养老院已经开始开设心理健康教育课程，教老年人如何识别和应对压力、焦虑和抑郁等情绪，如何进行有效的情绪管理。这些课程通过讲解心理学原理、情感管理技巧以及生活中的实际案例，帮助老年人更好地理解自己的心理状态，从而找到适合自己的应对方式，减少负面情绪的影响。通过教育，老年人不仅学会如何照顾自己，还能在心理上获得长久的满足感。

艺术治疗是一种有效的文化方式，可以帮助老年人表达内心的情感，减轻心理负担。许多养老机构通过引入艺术治疗方法，如绘画、音乐、舞蹈、戏剧等，让老年人在创造过程中得到情感的宣泄和舒缓。这种形式的活动让老年人不仅可以与他人分享创作的成果，还能在活动中找到自我表达的途径，缓解孤独与压抑的情绪。例如，绘画可以帮助老年人通过色彩和形状表达内心的感受，而音乐疗法则通过旋律的舒缓作用，帮助他们减轻焦虑，放松心情。通过这些文化活动，老年人能够找到心理平衡，提高自我认同感，减少焦虑和抑郁情绪的困扰。

除了传统的文化活动，随着科技的发展，数字化的文化和教育活动也为老年人带来了新的机遇。许多老年人以前由于缺乏适应现代科技的能力，错过了丰富多彩的在线学习和社交平台。如今，越来越多的社区和老年组织开始提供适合老年人的数字课程，帮助他们学习如何使用智能手机、社交软件、在线教育平台等。通过参与在线课程，老年人能够学习新的技能，如外语、计算机、手工艺等，获得成就感和满足感。这不仅能够提升他们的自信心，还能帮助他们走出“年龄偏见”，让他们意识到无论年龄多大，仍然能够学习新知识，享受充实的生活。

老年人参与文化和教育活动还能够增强跨代沟通，改善代际关系，缓解他们的孤独感。很多年轻人与老年人之间存在隔阂，而通过一些代际合作的文化活动，如老少共读、亲子课堂、代际舞蹈活动等，老年人与年轻人之间的关系可以更加融洽。这种代际互动不仅帮助老年人更好地融入现代社会，也能让年轻人更加理解和尊重老年人的需求。通过跨代交流，老年人能够在帮助年轻人的同时，重新体验到亲情和社会的温暖，进一步增强自我价值感。

对于独居老年人来说，参与社区的文化活动尤其重要。社区组织的各类文化和教育活动，提供了一个固定的社交空间，让老年人可以在这里结识新朋友，拓宽社交圈。比如，许多社区定期举办的合唱团、广场舞等团体活动，不仅让老年人在参与过程中体验到团结合作的乐趣，还能增强他们对集体生活的认同感。这种集体参与感帮助他们缓解孤独感，增加归属感，让他们在社区中找到了精神上的支撑和陪伴。

通过文化和教育活动提升银发群体的心理健康，不仅是应对老年群体心理困扰的有效方式，也是促进社会和谐、增进代际理解的重要途径。随着银发经济的不断发展，各种文化活动和教育项目将进一步扩展其服务范围和深度，帮助更多老年人过上更加充实、积极、幸福的晚年生活。

第六章

银发经济的挑战与机遇

063　如何保障老年群体的数字支付安全？

在数字化浪潮席卷各行各业的今天，老年人越来越多地接触并使用数字支付工具，从扫码买菜、线上挂号、缴费办事，到日常购物、转账汇款，手机已经成了不少老年人生活的一部分。但与此同时，信息泄露、电信诈骗、误操作带来的财产损失等问题也接踵而至。如何为老年人构建一个更安全、更友好的数字支付环境，是银发经济必须面对和解决的重要课题。

很多老年人使用数字支付时最担心的就是被骗。各种冒充银行、社保、公检法的诈骗电话和信息层出不穷，加上老年人对这些新型骗术不够熟悉，稍不留心，就可能陷入陷阱。要提升安全保障，最直接有效的方式就是强化防诈骗教育。社区、银行、子女、平台都应该成为老年人数字安全知识的“传话筒”。通过面对面讲座、电视公益广告、手机应用内提醒、亲情沟通等多种形式，持续向老年人灌输防骗意识。比如，让他们学会识别“假链接”“钓鱼短信”，知道银行不会通过电话索要验证码，也不会要求转账到“安全账户”。

银行和支付平台的产品设计也需要更贴近老年人的使用习惯。很多App界面复杂、字体小、按钮密集，让本就视力退化、手指不灵活的老年人容易误点，甚至发生转错账、付款失败等情况。越来越多的平台已经意识到这一问题，推出了“长辈模式”或“关怀版”界面，字体更大、提示更清晰、操作流程更简洁。比如支付宝、微信等设置了“防误触”功能，对高金额转账增加确认步骤，并配有语音播报功能，帮助老年人反复确认操作内容。

除了界面友好之外，支付的权限和额度设置也可以更加智能化。一些平台开始提供“家庭守护”功能，子女可以为父母设置每日支付上限、操作提醒，甚至启用双重确认机制。在老年人进行大额支付或频繁转账时，平台会发出提示或请子女授权。这种机制在不剥夺老年人自主权的同时，也为他们建立了一道额外的安全防线。对于一些独居的高龄老人，社区和银行可以协助他们设置类似的“守护人”机制，在日常不干预，但遇到异常操作时能第一时间发现和处理。

金融机构在老年用户服务方面的改进，也能有效提升支付安全保障。一些银行在网点专设老年服务窗口，为他们提供手机银行操作指导、密码重置、疑难咨询等服务，避免他们在不清楚操作时寻求“陌生人”帮助，从而落入骗子圈套。一些银行还提供“绿色客服”通道，老年用户拨打客服电话时可优先接入人工服务，减少因操作困难而陷入困境。银行也可以通过短信、电话回访的方式，及时提醒老年人注意资金安全，尤其在发现异常交易时，能快速冻结账户，防止进一步损失。

社区、街道等基层单位的力量不能忽视。他们是联系老年人最紧密的桥梁。组织定期的数字技能培训班，教授老年人基础的手机支付使用方法和常见安全陷阱，不仅提升他们的技能，也让他们感到被关注、被保护。一些地方的派出所、司法所也会下沉到社区，开展“反诈课堂”，用真实案例让老年人意识到“天下没有免费的午餐”，不要随便点开陌生链接，更不要把银行卡号、身份证号、验证码告诉任何人。

家人的陪伴和提醒，在老年人数字支付安全中同样关键。子女可以定期帮父母检查手机中的App授权，关闭不必要的支付功能，删除可疑软件，并引导他们只在正规平台消费。很多时候，老年人不愿承认自己“不会”，害怕被说“跟不上时代”，但子女的耐心指导和尊重，能够建立信任，让他们更愿意学习并听从建议。与其责怪父母“你怎么又被骗了”，不如在日常生活中多关注、多陪伴，用行动帮助他们避开陷阱。

技术层面的风控手段也是提高安全的重要工具。平台可以利用大数据分析和人工智能技术，对用户行为进行实时监控。一旦发现某个账户突然频繁大额转账，或操作模式与平时明显不同，系统就可以立刻发出警报，暂时冻结操作，并启动人工核查流程。一些支付平台还会针对老年用户设定更为严格的“风险交易限制”，如限制夜间高频操作、异地登录自动拦截等，这些措施有效地堵住了诈骗行为的漏洞。

在支付场景的多样化中，也应给予老年人更多选择。不是所有老年人都适应数字支付，现金、银行卡、面对面支付依然是很多老年人的“安全区”。因此，商户和服务机构不应该“一刀切”地拒绝现金，而应鼓励“数字支付为主，传统支付保底”的方式，保障老年人基本的交易权利。一些政府部门和银行机构正在推动这一点，要求医院、公交、银行、商超等公共服务场所必须保留现金支付通道，不让老年人因不会用手机就寸步难行。

构建老年人数字支付安全的环境，不是一家平台或一个政府部门的责任，而是整个社会的系统工程。平台要用技术降低风险，银行要用服务增强信任，社区要用培训普及技能，家人要用陪伴给予支持。每一环都不可缺，只有大家共同努力，才能真正为老年人打造一个既便捷又安全的数字支付世界。

银发经济不仅关注老年人的消费潜力，也关心他们的消费安全，在保护老年人财产安全的同时，更是在守护他们的尊严、自主和生活质量。未来，随着科技的不断进步，数字支付将更加智能、更加包容，只要系统持续优化，老年人也能在数字时代里安心消费、自信生活。

064　银发经济如何影响医疗保险和商业健康保险的发展？

银发经济的快速崛起，正在深刻改变医疗保险和商业健康保险的发展格局。随着人口老龄化趋势的加剧，老年群体对健康管理和医疗保障的需求日益增长，传统的医疗保险制度面临巨大压力，而商业健康保险也看到了新的市场空间与转型机遇。银发经济不仅扩大了老龄人口的健康服务需求规模，也推动了保险产品的多样化、服务模式的智能化、制度设计的精细化，成为医疗保障体系升级的强大动力。

人口结构变化带来的最直接影响，是老年群体在医疗资源上的集中使用。随着年龄增长，慢性病、重大疾病、康复护理等医疗需求显著增加，医疗支出自然水涨船高。公共医疗保险体系在面对庞大的老龄人口时，其可持续性和保障能力开始受到挑战。医保基金的支出压力不断加剧，如果不进行调整和扩容，容易出现“钱不够用”的问题。为了应对这种变化，各地医疗保险制度开始调整筹资机制、支付方式和保障范围，更加注重疾病预防和慢病管理，引导老年人更加科学地使用医疗资源，减轻医保系统的压力。

在医疗保险制度改革中，分级诊疗制度和医保支付方式改革成为关键举措。鼓励老年人到基层医疗机构进行慢性病管理和日常健康监测，有助于减轻大医院的就诊压力，降低医保支出的单次成本。通过总额控制、按病种付费、按人头付费等方式，控制医疗费用不合理增长，将资源更多地向真正有需要的老年人倾斜。银发经济促使医保政策向“以人为本”转变，不仅关注老年人是否能看病，更关注他们能否看得起、看得好、看得有质量。

在这种背景下，商业健康保险迎来了前所未有的发展机遇。公共医疗保险体系“保基本”，而商业健康保险正好在“补充性”保障方面发挥作用，为老年人提供更多元、更高端、更灵活的医疗保障选择。过去很多保险公司在面对高龄群体时较为谨慎，原因是赔付风险高、管理难度大。但现在，随着技术手段的进步、风控模型的优化，保险产品设计越来越精细化，能够更好地满足老年人的个性化需求。

针对老年群体的商业保险产品正在快速丰富。从传统的住院医疗险、重疾险，到专门针对慢性病群体的管理型保险、长期护理保险，再到涵盖康复、心理健康、营养干预、家庭医生服务的综合健康险，覆盖范围越来越全面。有些产品甚至引入健康激励机制，老年人如果能够坚持体检、服药、运动，就能享受更低保费或更多理赔额度。这种机制不仅减轻了保险公司的风险压力，也鼓励老年人主动参与健康管理，实现双赢。

科技的介入，极大地提升了保险服务的智能化水平。银发经济的发展推动了健康科技产业的融合发展，智能穿戴设备、远程医疗、健康数据平台等新技术，正在成为保险产品不可或缺的一部分。通过实时健康监测，保险公司不仅可以更准确地评估风险、控制成本，也能根据用户的健康状态提供个性化服务。一些保险公司甚至推出了“保险+健康管理”平台，整合健康咨询、在线问诊、就医陪护、康复指导等服务，真正把保险从“事后赔付”转变为“全过程健康守护”。

在老龄化社会中，长期照护成为一个绕不开的话题。许多高龄或失能老人需要长期的居家护理、康复服务甚至机构照护，这类服务费用高昂，且目前仍有很大一部分未被医疗保险覆盖。因此，长期护理保险应运而生，并逐渐成为银发经济中的重要保障工具。不少国家已经开始推动长期护理保险制度建设，同时商业机构也在积极推出相关产品。随着护理服务体系的逐渐完善，护理险不仅可以提供经济支持，也可以连接居家护理、社区照护和养老机构等服务资源，为老年人建立完整的生活保障网。

保险行业在面对银发经济时，必须解决信任和普惠的问题。许多老年人对复杂的保险条款不够了解，担心“买的时候好说话，理赔时说不清”，这就要求保险企业提升透明度和服务质量。简化保单语言、增加线下服务点、提供专属客服，都是提升老年人投保体验的重要措施。与此同时，一些地方政府也通过政策引导、财政补贴等方式鼓励老年人参保商业保险，尤其是低收入老年群体，确保他们也能享受多层次的健康保障。

银发经济推动保险向“家庭整体保障”方面发展。越来越多的产品考虑到老年人不仅是被保障者，也可能是家庭的照护者或经济支持者。一些保险公司推出“家庭健康保障计划”，覆盖一家三代，既让老年人感受到家庭的温暖，也能减轻子女的经济和照护压力。这种模式强化了家庭在健康管理中的作用，推动形成“家庭为基础、社会为支撑”的多元化保障结构。

随着全球老龄化趋势的持续发展，银发经济将成为医疗保险和商业健康保险领域持续演化的重要驱动力。从制度创新到技术融合，从产品优化到服务重塑，围绕老年人“健康、尊严、安全”的多维需求，未来的保障体系将越来越多元、越来越智能，也越来越贴近老年人真实的生活场景。这不仅是一种产业升级，而且是一种对老龄社会更加温暖和周全的回应。

065 银发群体的消费模式如何影响资本市场的投资趋势?

银发群体的消费模式正悄然改变资本市场的投资方向。随着全球老龄化程度加深，老年人口在社会中的比例持续上升，银发人群已不再是边缘消费群体，而是一个潜力巨大的“黄金市场”。他们的消费特点、行为习惯和生活方式，正在推动相关产业发生结构性变化，也在引导资本市场重新审视未来的投资热点。投资者越来越关注那些与老年人日常生活密切相关的行业，从而形成了以“银发经济”为核心的新投资逻辑。

老年人对健康的重视，使得大健康产业持续升温。这一群体对医疗、保健、康复、营养等方面的消费支出在不断增加，推动了医疗器械、创新药物、保健品、康复护理设备等行业的发展。一些企业开始围绕老年人慢性病管理推出个性化医疗方案，结合可穿戴设备和远程医疗技术，提供数据驱动型服务。这类企业吸引了大量资本关注，在二级市场中表现活跃。医疗服务类的上市公司、养老地产开发商，以及与老年病专科相关的医院集团，也因此获得了更高的估值预期。

与此同时，老年群体的消费从“保生存型”向“品质型”转变。过去老年人消费偏重节约，如今随着退休金制度的完善和家庭支持增加，他们愿意为生活质量投入更多资金。旅游、文化、养生、定制化服务成为他们新的消费方向。例如，专门为中老年人设计的国内外深度旅游路线、旅居养老服务、健康主题度假村等，受到广泛欢迎。这类文化旅游类上市公司，以及提供老年定制服务的生活方式品牌，也因此成为资本市场的关注对象。

银发群体在金融理财方面的活跃程度也在显著上升。由于收入来源相对稳定且储蓄意识强，许多老年人更倾向于低风险、高稳定收益的理财产品。银行、保险、基金公司纷纷推出适合老年人的理财工具，如稳健型债券基金、年金险、养老目标基金等。这些产品的走红，推动了资本市场对相关金融服务企业的重新估值。提供养老金管理服务的金融机构、保险公司以及与养老金融相关的科技公司，逐渐成为资本追逐的对象。

居住需求的变化也在引导房地产资本向“适老地产”集中流动。传统住宅开发商开始转型，推出智能化、无障碍设计的养老社区和康养小镇，融合医疗、康复、娱乐、社交等功能，吸引高龄消费者长住或短租。这类“医养结合型”地产项目，不仅获得老年人的认可，也成为REITs（房地产投资信托基金）产品的重要标的。在一些国家和地区，专门面向养老地产的REITs基金已逐步成熟，投资人可以通过这类金融工具，分享银发地产市场的红利。

科技企业也在老年人消费需求的推动下加快产品创新。越来越多的企业开始针对银发人群开发智能穿戴设备、健康监测App、语音助手、适老智能家电等产品。人工智能、物联网、5G等新技术与银发需求融合，形成了“智慧养老”概念，这类企业也成为科技资本关注的新方向。一些初创公司通过资本市场募集资金，专注于老年人行为分析、远程照护系统、智能社区建设等技术应用，逐步占据细分市场的领先地位。

在文化娱乐消费方面，银发群体的影响力同样不容小觑。过去，资本市场往往将目光集中在年轻人的文娱需求上，如游戏、短视频、潮流文化等。而如今，越来越多的文创企业开始面向中老年人群推出内容产品，如传统戏曲、红色旅游、老电影频道、中老年知识分享平台等，这些文化项目逐渐获得资本认可。随着“银发主播”在短视频自媒体平台上走红，直播经济迎来了新变种。部分内容创作者借助老年人形象或由老年人本人运营，吸引了大量中老年粉丝，相关内容平台的估值与流量同步提升。

银发群体的消费还推动了新型消费品的发展。一些保健食品、功能性服饰、老年人专属运动器材、轻量化旅行装备、适老化美妆产品等，受到资本市场青睐。创业者们瞄准这个消费升级的大市场，争相推出更符合银发需求的细分产品。消费品公司在财报中逐渐增加“老年人专属产品线”的份额，成为企业估值的重要支撑点。

保险市场也因老年人需求变化而发生深度调整。长期护理险、老年专属意外险、高龄人群重疾险等产品不断涌现。一些保险科技公司利用大数据、AI风控模型进行定价和理赔管理，提高了服务效率，也降低了对老年群体的拒保率。资本市场对这类“新型保险科技企业”抱有高度兴趣，认为其将成为未来银发经济中的独角兽公司之一。

整体来看，银发群体的消费模式向着高质量、多样化、科技化的方向演变，这一趋势正深刻影响资本市场的投资决策。产业结构被迫调整，资金流动方向发生改变，企业战略也在重新定位。从传统养老服务到智慧健康，从文化旅游到适老金融，银发经济正以消费带动产业、以需求引导创新，形成一个覆盖医疗、金融、地产、科技、消费等多个领域的资本投资新生态。

未来的资本市场，将持续以银发人群的消费行为为晴雨表。无论是长期资金配置还是短期投资热点，谁能理解老年人的真实需求、谁能精准匹配他们的消费习惯，谁就有可能赢得银发经济浪潮中的先机。对于资本来说，抓住银发消费的趋势，不仅是一种市场策略，更是对时代变化的敏锐回应。

066 银发经济面临哪些主要挑战？

（一）人口老龄化的加剧

随着全球范围内人口老龄化的加剧，老年群体的规模不断扩大。根据联合国的预测，全球60岁及以上人口将在未来几十年内持续增长。这意味着需要投入更多资源以应对老年群体的需求，而这对社会的经济发展和公共服务体系构成了巨大的挑战。

（二）社会保障与养老压力

老年人口的增多加剧了社会保障和养老服务的压力。传统的养老体系面临挑战，特别是在退休金、社会保障和医疗保健等方面的支出不断增加。一些国家和地区的社会保障体系可能难以应对日益增加的老年人福利需求，从而影响社会的经济稳定。

（三）健康与医疗资源短缺

老年群体常伴随多种健康问题，包括慢性疾病、精神健康问题以及阿尔茨海默病等。老龄化社会带来了对医疗健康资源的大量需求，如何提供更高效、优质且可负担的医疗服务成为银发经济面临的巨大挑战。此外，医疗专业人员的不足和医疗设施的有限性也限制了健康服务的有效覆盖。

（四）劳动力短缺与就业问题

随着老年人口比例的增加，劳动力市场面临巨大压力。年轻劳动力相对减少，且老年群体的再就业和参与劳动市场的情况并不乐观。尽管一些国家推动延迟退休和老年人再就业，但仍然存在老年人就业机会少、技能不匹配等问题。劳动力短缺可能会对生产力和经济增长造成负面影响。

（五）消费需求变化与市场适应

老年人的消费需求与年轻人有显著差异，产品和服务需要根据老年群体的特点进行创新和调整。老年人在生活质量、安全性、健康、娱乐等方面的需求不断增长，但在设计和提供这些服务时，许多企业可能未能完全理解或适应老年人的特殊需求。这种市场适应性不足可能会限制银发经济的潜力发挥。

（六）技术适应与数字鸿沟

虽然老年群体在科技产品和服务的需求上也在增加，但他们的数字技术适应能力相对较低。许多老年人可能面临数字化鸿沟的问题，无法充分利用智能技术和互联网服务。这使得一些老年人无法享受到智慧健康、在线社交、远程医疗等便利，也限制了相关技术在银发经济中的普及和应用。

（七）心理健康和社会孤立

随着年龄的增长，许多老年人面临着社会孤立和心理健康问题。孤独感、抑郁症、焦虑症等在老年人中较为常见，这给社会和家庭带来了巨大的心理和情感负担。银发经济不仅需要解决老年人身体健康的问题，还需要在心理健康、社会交往和精神支持方面提供更多的关注和资源。

银发经济在应对这些挑战时，需要从政策制定、社会服务、技术创新等方面采取综合措施。同时，企业也需要根据老年人的特殊需求，设计更符合其需求的产品和服务，从而推动银发经济的可持续发展。

067　银发经济中的人才难题如何解决？

银发经济是随着人口老龄化而兴起的产业，涉及老年群体的医疗、护理、娱乐、消费等多个领域。然而，银发经济面临的人才难题却影响着其可持续发展。

首先，老年护理和医疗专业人才的短缺是银发经济面临的重大挑战。随着老龄化社会的加剧，对老年人护理、健康管理等专业服务的需求不断增加，但现有的护理人员和医疗资源远远无法满足这一需求。为了缓解这一问题，可以加大对老年护理、老年医学等相关专业的教育投入，设立职业认证制度，提高护理人员的专业素质。此外，培养具备跨学科知识的复合型人才也十分重要，结合健康、社会学、老年学等学科的教育体系，培养能全方位解决老年人需求的专业人才。

其次，随着劳动力的老龄化，延迟退休和老年人再就业成为重要议题。虽然一些国家推动延迟退休，但老年人在劳动力市场中的参与仍然受限。为了缓解劳动力不足，政府和企业需要为老年人提供更多再就业机会，如灵活的工作时间、兼职岗位和延迟退休选项。同时，可以通过技能培训帮助老年人掌握新技术，使他们能够适应现代劳动力市场的需求。

最后，银发经济的技术适配也是一项关键挑战。许多老年人缺乏对新技术的适应能力，导致他们无法充分利用智能健康设备、远程医疗等科技产品。为了解决这一问题，可以培养专门的技术适配人才，帮助老年人掌握基本的数字技能。此外，企业也应研发老年人友好的智能产品，简化操作流程，提供便捷的技术支持服务。

综上所述，解决银发经济中的人才难题需要多方努力，从教育培养、政策支持、技术创新等多个方面共同推进，才能推动银发经济的健康发展。

068 银发经济如何应对老龄化社会带来的医疗资源短缺问题？

在面对老龄化社会带来的医疗资源短缺问题时，银发经济有望通过多个方面进行应对和优化。

（一）发展智能健康管理技术

随着老年群体健康需求的增加，智能健康设备和远程监控技术成为一种重要的解决方案。例如，可穿戴设备和家庭健康监测设备能够实时监测老年人的健康状况，及时发现潜在的健康问题。这些技术不仅可以帮助老年人保持身体健康，还能减轻医疗机构的负担，减少因健康问题而导致的紧急就医需求。

（二）推动居家护理与社区健康服务

居家护理和社区健康服务的推广是银发经济应对老龄化社会医疗资源短缺的关键路径之一。通过在老年人生活的环境中提供医疗服务，尤其是在医疗资源紧张的区域，可以有效提高老年群体的健康管理水平。社区卫生服务和居家护理服务可以为老年人提供定期健康检查、药物管理以及日常护理，避免不必要的医院就诊。

（三）养老服务与医疗服务深度融合

在银发经济中，养老服务和医疗服务的融合是一种创新的解决方案。发展养老机构与医疗机构的协作模式，可以实现医疗资源的共享和跨界服务。例如，一些现代化的养老院配备了医疗团队，能够为老年人提供日常护理和突发疾病处理，同时为家庭成员减轻照料压力。这种模式可以大幅提高医疗资源的使用效率，并满足老年群体的多层次需求。

推广老年人健康教育和预防医疗：预防胜于治疗。在银发经济的框架下，重视老年人健康教育，提供关于健康饮食、锻炼和心理健康的指导，可以有效减少因健康管理不当而导致的医疗需求。这种预防措施不仅能够延缓老年人的身体衰退，还能减轻医疗系统的压力。

提升医疗资源的数字化与共享：通过提升医疗资源的数字化水平，银发经济能够更加灵活地调配和分配医疗服务。比如，数字健康平台、远程医疗咨询等技术的普及，可以为老年人提供更加便捷、个性化的医疗服务，从而提高医疗服务的覆盖面和响应速度，缓解短缺问题。

创新医保和老龄化社会相关政策：政府可以通过制定更为灵活的医疗保障政策，支持老龄化社会中的医疗服务体系建设。比如，出台对老年人的特殊医疗保险政策，促进公私合营模式，推动医疗与保险相结合，为老年人提供更全面的医疗保障。同时，政府可以通过资金投入、税收优惠等手段，支持银发经济的创新发展，提升老年群体的生活质量。

总体而言，银发经济通过促进技术创新、服务模式创新以及政策支持，不仅能帮助应对老龄化社会的医疗资源短缺问题，还能为老年群体创造更健康、更加舒适的生活环境。

069 银发经济对环境的影响如何管理?

(一)促进绿色老龄化

政府和企业可以推动绿色老龄化理念，鼓励老年人在生活中采用环保产品和服务。例如，推广绿色建筑和节能家电，鼓励老年人使用低碳交通工具(如电动汽车或共享出行)。同时，社区可以建设适合老年人的绿色公共空间，提升老年人生活质量的同时减轻环境负担。

(二)减少废弃物产生

随着老年人生活水平的提高，消费和废弃物的产生也会增加。为此，可以鼓励老年人参与垃圾分类、资源回收等环保行动。开发对老年人友好的回收设施和教育项目，提高老年人对环保的意识，并帮助他们减少不必要的资源浪费。

（三）推动可持续的老年服务

银发经济中的服务行业（如养老院、老年健康管理）应采用可持续的资源管理方法。养老机构可以实施节水、节能措施，提供绿色食品和环保物资，减少不必要的资源消耗。此外，推动数字化技术在老年人健康管理中的应用，也有助于减少纸质材料的使用，降低环境影响。

通过上述管理措施，可以在促进银发经济发展的同时，减少其对环境的负面影响，推动可持续的老龄化社会建设。

070　如何平衡银发经济的可持续发展与经济增长?

（一）推动绿色和智能化银发经济

银发经济的可持续性可以通过推动绿色和智能化发展来实现。例如，推广节能、环保的老年人住房和社区建设，促进老年人使用智能家居、智能健康设备等高效低碳技术。这不仅提高了老年人的生活质量，还能减少资源浪费，促进环保，确保经济增长的绿色转型。

（二）优化资源配置

在推动银发经济发展的过程中，要注重资源的合理配置。通过政策引导，提升在老年人健康、教育、社会服务等领域的投资效率，避免盲目扩张导致资源浪费。例如，优化养老金体系、提高老年健康管理的投入产出比，从而实现经济增长与资源可持续利用的平衡。

（三）促进老年人再就业与社会参与

通过鼓励老年人参与劳动力市场，尤其是在低碳、绿色产业中再就业，可以延缓其退休时间，增加家庭收入和社会生产。这不仅有助于解决劳动力短缺问题，还能促进经济的长期可持续增长。

（四）推动创新与技术进步

创新是实现经济增长与可持续发展的关键。通过技术创新，优化银发经济中的医疗健康、养老护理等领域，提高效率，减少成本，同时为老年群体创造更多高质量的就业机会和服务项目。

071　在银发经济发展过程中，如何确保公平性和约束性？

（一）政策保障与公平分配

政府应制定公平、公正的政策，确保银发经济带来的利益能够广泛惠及老年人，尤其是弱势群体。通过建立完善的社会保障体系，如养老金、医疗保险和养老服务体系，确保老年群体能够获得平等的社会资源和福利。此外，要通过社会政策调节贫富差距，避免收入不平等加剧老年群体的生活困境。

（二）推动无障碍服务

银发经济的发展需要为老年人提供无障碍的服务和产品，确保所有老年人，无论其经济背景、健康状况，还是居住地，都能平等享受现代化的技术与服务。例如，制定无障碍建筑标准、提供智能设备适配等，确保老年群体不因身体、技术障碍而受到排斥。

（三）法律法规约束与监督

对银发经济的各类服务和产品，政府应加强监管，确保其合规、公正运作，避免市场出现恶性竞争、虚假宣传和低质量服务等现象。此外，建立相关法律法规，加强对养老服务、健康管理等行业的监管，确保老年群体能够获得安全、高质量的服务。

（四）促进社会责任和道德建设

企业和社会各界应加强责任感，确保在银发经济中履行道德责任。例如，养老机构应提供专业、尊严的服务，避免剥削和过度商业化，尊重老年人的基本需求与权益。

072 银发群体如何在经济活动中创造新的机遇?

（一）消费市场的潜力

随着生活水平的提高，银发群体的消费能力逐步增强，尤其在健康、旅游、文化、娱乐等领域。这为企业提供了新的消费市场。例如，银发群体对保健品、健康设备、定制化旅游和老年友好型的文化活动等有着强烈的需求。企业可以开发符合其需求的产品和服务，满足他们对生活质量的追求，进一步促进经济增长。

（二）再就业与延迟退休

随着寿命的延长，许多银发群体希望继续参与劳动力市场。延迟退休和再就业为社会提供了大量的经验丰富、技能熟练的劳动力。老年人可以在咨询、教育、艺术、医疗等行业继续贡献自己的智慧和经验。此外，老年人还可以通过兼职、灵活就业等形式参与各类经济活动，推动劳动市场的多样化和稳定性。

（三）银发创业与创新

银发群体具备丰富的人生经验和行业积累，越来越多的老年人选择创业，进入各类商业领域。无论是开设小型企业，还是开展线上平台运营，银发群体都能够为市场带来新鲜的商业模式和创新理念。例如，很多老年人在健康、教育、文化等领域创业，为其他老年人提供服务，同时也能创造就业机会，推动经济活力。

（四）承担社会责任与公益

银发群体在经济活动中的参与不仅限于商业领域，还体现在社会责任和公益活动中。老年群体在志愿服务、社会企业等方面的参与，能够为社会带来更多的社会资本和公益资源。通过参与环境保护、扶贫助困等公益活动，银发群体可以为社会经济的可持续发展贡献力量。

（五）智能技术的应用

随着技术的发展，银发群体也能通过智能设备和互联网参与更多的经济活动。例如，老年人可以利用智能健康设备监测自身健康，借助在线购物、社交平台等享受更便捷的生活服务。企业通过提供老年人专用的智能技术和平台，不仅能帮助银发群体融入数字经济，还能促进相关产业的发展。

073　如何在全球范围内推广银发经济的成功模式和经验？

（一）本土化适应与创新

虽然成功的银发经济模式可以在全球范围内推广，但不同国家和地区的文化、经济水平和老龄化程度差异较大。因此，推广时需要进行本土化调整。

（二）政策支持与政府引导

制定相应的政策，推动银发经济的健康发展。通过提供财政补贴、税收优惠、研发支持等措施，激励企业和社会组织进入银发经济领域，促进老年群体的消费、就业和社会参与。政府还应加强老龄化社会的规划和监管，确保银发经济的可持续发展。

（三）技术创新与数字化转型

利用数字技术和智能创新，可以为老年人提供更加便捷、安全、低成本的服务。通过跨国技术合作，共享数字化转型经验，推广老年人友好的技术和智能产品，如智能家居、健康监测设备等，促进银发经济的全球推广。

第七章

银发经济的创新与可持续发展

074 银发经济如何推动创新型产品与服务的发展？

银发经济通过满足老年人日益增长和多样化的需求，推动了创新型产品与服务的发展。首先，随着老年群体的增多，他们对健康、医疗、居住、文化等方面的需求不断上升，激发了企业研发新产品。例如，智能健康设备、无障碍家居、远程医疗服务等技术创新，改善了老年人的生活质量，提高了便捷性与安全性。

其次，随着科技的进步，特别是人工智能、大数据和物联网等技术的发展，创新型产品得以涌现。例如，老年人可以通过智能家居控制系统实现远程监控、自动调节温度和照明，同时通过健康监测设备实时跟踪健康状况，避免突发疾病。

再次，银发经济推动了个性化和定制化服务的发展。商家根据老年人的健康状况、兴趣爱好和生活习惯，提供量身定制营养餐、运动计划、娱乐活动等服务。这种个性化服务满足了老年人对品质生活的追求，推动了创新型服务的增长。

最后，银发经济为创业者和社会企业提供了新机遇，催生了大量创新型产品与服务，如老年教育平台、老年人友好的旅游服务等，推动了各行各业的跨界融合与创新，促进了银发经济的快速发展。

075 如何通过技术创新提高银发人群的生活品质？

（一）智能健康管理

利用人工智能、大数据和物联网技术，开发智能健康设备，如可穿戴设备和远程监测系统，实时跟踪老年人的健康状况。这些设备可以检测心率、血糖、血压等关键健康指标，并将数据实时传输给医生或家庭成员，从而实现精准的健康管理，减少疾病发生，提高老年人健康水平，同时降低医疗成本。

（二）智能家居与辅助设备

通过智能家居技术，提高老年人居住环境的便利性和安全性。智能家居系统可以帮助老年人控制照明、温度、门锁等，甚至在发生突发情况时自动报警。此外，智能辅助设备如智能拐杖、助行器等，能够帮助老年人更好地进行日常活动，提高生活自理能力，延长独立生活的时间。

（三）数字化养老服务平台

发展在线平台，为老年人提供数字化的医疗、心理咨询、社交和教育等服务。通过互联网，老年人可以方便地进行远程就医、在线学习、社交互动等，减少了老年人出行的困难，也降低了对传统服务设施的依赖。

（四）人工智能与机器人

老年人护理机器人和人工智能客服可以替代部分人工服务，减轻护理人员的负担，提升护理服务的质量与效率。机器人可为老年人提供日常陪伴、健康监护等服务，降低了人力成本。

076 智能城市如何与银发经济相结合?

(一)智能健康管理系统

在智能城市中，可以建立智能健康管理系统，通过物联网、传感器和大数据技术实时监控老年人的健康状况。智能设备如穿戴设备、远程医疗平台等，可以帮助老年人跟踪健康指标，如血糖、血压等，及时发现健康问题并进行干预，减少医疗资源的浪费，并提高老年群体的健康水平。

(二)智能家居与无障碍设施

智能城市可以在老年人居住的社区或家庭中部署智能家居系统，提供自动化照明、温控、门锁等服务，提升居住的便捷性和安全性。此外，城市基础设施如无障碍通道、电梯和紧急呼叫系统，可以进一步支持老年人的独立生活，减少生活障碍。

（三）数字化社会服务平台

智能城市可以打造数字化社会服务平台，为老年人提供在线医疗、教育、购物、社交等服务。老年人可以通过这些平台便捷地获取各种服务，特别是在出行不便时，数字化平台提供了便利，解决了传统服务难以覆盖的空白。

（四）老年人社交与互动

智能城市通过建设智慧社区和社交平台，鼓励老年人参与社区活动和社交互动，减少孤独感，提升心理健康。通过这些平台，老年人不仅可以与家人和朋友保持联系，还能参与兴趣小组和活动，丰富生活内容。

077　如何促进银发经济与绿色经济的融合发展？

（一）绿色养老社区建设

在银发经济中，推动绿色养老社区建设是一个重要的方向。这些社区应当采用环保材料、节能技术和可再生能源，如太阳能、风能等，减少碳排放和能源消耗。此外，社区内可以设置绿色花园、无障碍通道等设施，为老年人提供一个健康、舒适、低碳的生活环境。

（二）老年人绿色消费

随着老年群体对健康和环境保护的关注增加，绿色消费成为银发经济的重要组成部分。推动绿色消费可以从老年人对环保产品的需求入手，推广有机食品、绿色家居、环保健康产品等，满足老年人对绿色生活方式的追求。通过政策引导和市场推广，激励老年人选择低碳、环保的产品和服务。

（三）绿色老年交通

在智能城市建设中，提供绿色、环保的老年人出行服务至关重要。鼓励老年人使用共享电动汽车、低碳公交和自行车等绿色出行方式，减少交通碳排放，同时保障老年人的出行便利。

（四）支持绿色技术创新

支持绿色技术和创新产品的研发，满足银发经济的需求。例如，开发节能型的健康监测设备、环保型老年家居设备等，不仅能提高老年人的生活质量，还能减少对环境的负面影响。

078 银发经济中的共享模式如何影响老年人群？

（一）提高生活便利性

共享经济提供了灵活的资源共享模式，老年人可以通过共享平台方便地使用汽车、居住空间和各种服务。例如，共享汽车和共享出行服务可以帮助老年人解决出行不便的问题，尤其是对于那些无法或不愿意自己开车的老年人。共享经济减少了他们对私有财产的依赖，提高了资源利用率。

（二）降低生活成本

共享经济使老年人能够在无须大量投资的情况下，享受高质量的产品和服务。通过共享平台，老年人可以以较低的成本使用家电、工具和设备，甚至可以共享照护服务和陪伴服务，减轻了经济负担，提高了生活质量。

（三）促进社交与互动

共享经济模式可以为老年人提供更多的社交机会，特别是在共享空间和服务中，老年人可以结识新朋友、参与社区活动，减少孤独感。共享平台也为老年人提供了更多参与社会的途径，增强了他们的归属感。

（四）增加收入来源

对于一些老年人而言，共享经济提供了额外的收入来源。通过将闲置物品、房间或车位进行共享，老年人可以获得经济收益，提高他们的生活质量。

079 银发经济如何促进健康产业的创新和可持续发展？

（一）推动个性化健康管理

随着老年群体健康需求的多样化，健康产业开始向个性化、定制化方向发展。通过大数据、人工智能和物联网等技术，提供量身定制的健康管理方案，例如个性化的营养餐单、运动计划和健康监测服务。这种定制化服务能够有效应对老年群体不同的健康状况，促进健康管理的精准化与高效化。

（二）远程医疗与健康监测

远程医疗和智能健康监测设备为老年人提供了便捷的医疗服务。通过可穿戴设备、智能手机和远程医疗平台，老年人可以实时监控自身健康状况，并通过视频问诊等方式接受医疗专家的指导。这不仅提高了医疗服务的可达性，还减少了老年人因行动不便而无法就医的问题，推动了健康产业的数字化转型。

（三）绿色健康产品的创新

银发经济促进了对健康产品的绿色创新，如低糖、低脂、有机保健品，以及环境友好的健康设备。随着老年人对环保和健康的关注增加，健康产业在产品设计和生产过程中越来越注重可持续性，推动了绿色健康产品的普及。

（四）延迟退休与健康劳动力

健康产业通过提供老年人健康管理、再就业培训等，促进了健康老龄化，延缓了老年人对医疗资源的依赖。健康产业不仅关注疾病治疗，还关注老年群体的健康寿命延长和社会参与度提升。

080　银发社会如何更灵活地设计就业?

（一）推行延迟退休和灵活就业政策

为适应银发社会，政府和企业可以推行延迟退休政策，让老年人继续在岗位上贡献经验和技能。同时，可以鼓励灵活就业，提供兼职、临时岗位和远程工作机会，使老年人能够根据个人身体状况和兴趣选择适合的工作形式，延长职业生涯。

（二）提供再就业培训和职业转型

老年群体的技能可能随着年龄的增长而过时，为了保持竞争力，提供职业培训和技能提升机会至关重要。政府和社会可以支持老年人参与再就业培训课程，尤其是在信息技术、数字化技能、健康护理等领域，使他们能够适应新的工作环境和市场需求。

（三）改善工作环境与设施

为老年群体设计更加适宜的工作环境也是重要举措。改善工作场所的无障碍设施、提供健康监护和安全保障，降低工作强度，确保老年人在职场中的舒适与安全。此外，工作时间的灵活安排也是确保老年人能继续工作的关键因素。

（四）促进企业对老年员工的包容性

企业应当建立更加包容的用人政策，尊重老年群体的需求。通过多元化的招聘和激励措施，促进老年员工与年轻员工的合作，共同提升企业的创新能力和竞争力。

081 如何通过社区创新服务提升银发群体生活质量？

（一）智能化社区服务

利用物联网、人工智能等技术，为老年人提供智能化的社区服务。例如，智能家居系统可以帮助老年人自动调节温度、灯光等，确保居住环境的舒适与安全。智能监控系统能够实时监测老年人的健康状态，及时发现异常并通知家庭成员或护理人员，提升老年人居家生活的安全性和便捷性。

（二）健康管理与远程医疗

社区可以提供个性化的健康管理服务，通过健康数据的实时采集和分析，为老年人提供定制化的健康方案。同时，利用远程医疗技术，老年人无须离开家就可以通过视频咨询医生，接受健康评估和治疗建议，减少了外出就医的困难。

（三）社交与文化活动支持

为老年人提供丰富的社交活动和文化娱乐项目，减少孤独感，提升心理健康。社区可以定期组织兴趣小组、文化讲座、手工艺课程等活动，鼓励老年人积极参与，促进他们的社会互动和身心愉悦。

（四）志愿者和社会支持网络

社区可以通过志愿者服务，为老年人提供日常帮助，如购物、陪伴、家庭清洁等。建立一个强大的社会支持网络，不仅能帮助老年人解决实际问题，还能让他们感受到社会的关爱与温暖。

（五）无障碍设施与交通服务

为确保老年人能够便捷地参与社区活动，提供无障碍设施，如轮椅通道、电梯、无障碍洗手间等。同时，社区可以提供定制的交通服务，帮助行动不便的老年人轻松出行。

082 银发经济如何推动环保产品和服务的发展?

(一)绿色消费需求

随着环保意识的提升，银发群体对健康、环保产品的需求日益增加。例如，老年人对有机食品、绿色家居和可降解产品的兴趣越来越大。银发群体对环境友好型产品的需求促进了环保产品的生产和创新，如低碳排放的家电、节能灯具、无害健康的清洁用品等，推动了绿色消费市场的发展。

(二)节能环保家居

在银发经济中，推动绿色建筑和节能环保家居的设计，已成为老年人生活质量提升的重要因素。智能家居系统、节能家电、太阳能热水系统等产品不仅提高了老年人的生活便利性和安全性，还减少了能源消耗和环境负担。这类环保家居产品逐渐受到老年群体的青睐，推动了绿色建筑和智能家居的普及。

（三）环保出行方式

在智能城市建设中，推动绿色出行方式也能帮助银发群体参与环保生活。鼓励老年人使用共享电动汽车、绿色公共交通和低碳自行车等环保出行工具，减少交通排放，同时提供便利的出行方式，改善老年群体的出行条件。

（四）绿色养老服务

环保意识在银发经济中的体现还包括绿色养老服务的发展。例如，绿色养老院和社区可以采用环保材料，建设节能环保设施，为老年人提供一个更加舒适、健康的生活环境。这类绿色服务模式不仅满足了老年人的生活需求，也推动了养老服务行业的可持续发展。

083　银发经济如何促进循环经济的发展？

（一）老年群体参与资源回收与再利用

随着环境意识的提高，银发群体对可持续生活方式的关注逐渐增强。许多老年人愿意参与到资源回收和再利用中，如旧物回收、二手物品交换等。银发经济通过鼓励老年人参与社区回收项目，推动了废旧物品的循环使用，减少了资源浪费，并为绿色经济发展提供了动力。

（二）共享经济与物品共享

银发经济中的共享经济模式可以促进物品共享和服务共享，减少资源的过度消费。例如，老年人通过共享平台将闲置的房间、汽车、家电等物品出租或交换，既能提高资源利用率，又能帮助他们获得额外的收入。这种共享模式降低了消费对新资源的需求，推动了物品的循环利用。

（三）绿色产品和环保消费

老年人对健康、环保的消费需求推动了绿色产品的生产和普及，如有机食品、环保家居、可降解产品等。银发群体的消费习惯促使企业生产更多可回收、环保的产品，减少了对一次性资源的依赖，从而促进了循环经济的发展。

（四）老年群体与废旧物品的再生利用

银发群体拥有丰富的生活经验和资源，可以动员他们积极参与到废旧物品的修复、翻新和再生利用中。例如，老年人可以通过维修、改造家具和电器等物品，延长其使用寿命，从而减少资源的浪费，促进了再制造和再利用产业的发展。

084　银发经济如何推动可持续城市规划?

银发经济通过满足老年群体的生活需求，推动了可持续城市规划的发展。随着老龄化社会的到来，老年群体的需求不仅影响到城市基础设施的建设，还推动了可持续发展理念的实施。以下是银发经济如何促进可持续城市规划的几个方面：

（一）老年友好型城市设计

银发经济推动了老年友好型城市的建设，重点关注无障碍设施、公共空间的可达性、交通便利性等。这些设计不仅改善了老年人的生活质量，还减少了能源消耗和交通排放。例如，无障碍人行道、宽敞的公共休闲空间、便捷的公共交通系统等，有助于老年人独立生活，并促进了绿色出行和低碳城市发展。

（二）绿色建筑与节能环保

银发经济推动了绿色建筑和节能环保技术的应用。老年群体对健康、舒适、环保的生活环境有更高要求，推动了绿色建筑和可持续住宅的发展。通过使用环保材料、节能技术和智能家居系统，老年人能够在节能、低碳的环境中生活，同时减少对资源的过度消耗，助力城市可持续发展。

（三）可持续养老服务

随着银发经济的发展，老年人对养老服务的需求也发生了变化。可持续的养老服务包括低碳环保的养老院、智能化的健康监测、节能的居住设施等。这些服务不仅提高了老年人的生活质量，还促进了社会资源的合理配置和环境的可持续性。

（四）促进社区资源共享与利用

在银发经济的推动下，社区共享服务如共享交通、共享空间等逐渐兴起。老年人参与其中，不仅提高了资源利用效率，还减少了物品浪费和环境负担，促进了城市的可持续发展。

085　银发经济如何通过创新减少环境足迹?

银发经济通过创新技术和消费模式，能够显著减少环境足迹。

(一)绿色消费模式

银发群体对环保产品的需求日益增加。许多老年人倾向于购买有机食品、环保家居用品和节能家电，这推动了市场上绿色产品的创新。老年人对低碳、可持续生活方式的关注促进了绿色消费模式的发展，这不仅减少了对自然资源的消耗，也有助于推动可持续产品的普及。

(二)智能家居与节能技术

在老年群体中，智能家居产品变得越来越普及。这些产品不仅提升了居住舒适度，还能显著减少能源消耗。例如，智能温控系统可以根据居住者的需求调节温度，自动化的照明系统根据环境光线变化自动调节亮度，避免能源浪费。智能电器如节能冰箱、洗衣机等也能减少家庭日常生活中的电力消耗。

（三）共享经济与资源利用

银发经济推动了共享经济的发展，老年群体在共享服务中的参与日益增加。例如，老年人可以参与共享交通、共享家电、共享房屋等，减少对新资源的依赖。这种资源共享模式不仅减少了生产和废弃物的产生，还促进了物品的再利用，减少了环境负担。

（四）老年人绿色旅游

在银发经济中，越来越多的老年人选择参与低碳环保的旅游活动，如生态旅游、绿色旅行等。这类旅游方式不仅让老年人享受休闲时光，还能推动环保意识的提升，减少旅游行业的碳排放和资源浪费。

第八章

银发经济的未来展望

086　如何通过政策引导促进银发经济的健康发展？

（一）推广绿色消费

随着老年群体对健康和环境的关注增加，银发经济促进了绿色消费的普及。例如，老年群体对有机食品、环保家居和节能家电等产品的需求日益增长。企业响应这一需求，推出了更多环保、低碳的产品，减少了对资源的消耗和环境的污染。通过推动老年群体的绿色消费，银发经济促进了环保产业的发展，减少了环境足迹。

（二）绿色建筑和节能家居

银发经济推动了绿色建筑和节能家居的设计与应用。为老年人提供舒适、健康、低碳的居住环境已成为趋势。例如，智能家居系统、节能照明、太阳能热水系统等技术被广泛应用，减少了能源消耗和碳排放。这不仅提高了老年人的生活质量，也有助于降低住宅区的整体环境足迹。

（三）可持续的养老服务

在银发经济的推动下，可持续的养老服务逐渐得到重视。许多养老院和社区采用节能环保设施，提供绿色餐饮，减少废物排放，同时加强对老年人的健康管理，减少医疗资源的浪费。这些服务模式不仅改善了老年人的生活质量，还降低了养老行业对资源和环境的影响。

（四）共享经济与物品再利用

银发经济推动了共享经济模式的发展，例如共享交通工具、共享家居设备等。这些创新不仅提高了资源利用率，还减少了不必要的生产和废弃，降低了整体环境足迹。

087 银发经济将如何重新定义“老年”这个概念？

银发经济将通过改变老年人的生活方式、社会角色和消费模式，重新定义“老年”这一概念。传统上，老年人常常被视为需要依赖社会和家庭的群体，且随着年龄增长，健康和活力逐渐下降。然而，随着银发经济的兴起，老年群体的社会参与、经济贡献和生活质量发生了重大变化。

（一）老年人是积极的经济参与者

银发经济强调老年人作为积极的经济参与者，而非单纯的依赖者。许多老年人继续在劳动市场中发挥作用，通过延迟退休、再就业或创业，为社会创造价值。同时，他们的消费需求也成为推动各类产业增长的重要动力，例如健康产业、旅游业和老年人专属的文化娱乐服务。这使得“老年”不再是退出劳动力市场的阶段，而是一个充满潜力和机会的时期。

（二）健康和活力的延续

随着健康管理技术的进步，越来越多的老年人能够保持较好的身体和心理健康，参与运动、旅行、学习等活动。因此，“老年”不再意味着身体的衰退，而是健康、活力的延续。银发经济促进了“老年”概念的转变，老年人更关注自我实现、社交互动和精神生活，重新定义了年龄与活力之间的关系。

（三）社会责任和文化价值

银发经济还推动了老年群体在社会责任和文化价值方面的参与。老年人通过志愿服务、传承文化和教育年轻一代，发挥着独特的社会作用。老年人不再是社会的负担，而是文化和社会发展中的重要支柱。

088 银发经济未来如何促进多代共生社会的形成？

随着全球人口老龄化趋势的加剧，银发经济的潜力不仅局限于老年人的消费需求和市场开发，还包括如何通过创新的方式促进不同年龄群体的融合与合作，推动多代共生社会的形成，减少代际隔阂，提升社会的和谐度。

（一）促进代际互动和知识传递

银发经济通过推动跨代际互动，尤其是在教育、职业和文化领域，能够有效减少代际隔阂与误解。老年人往往拥有丰富的人生经验和知识，他们可以为年青一代提供宝贵的生活和职业指导，而年轻人则可以通过技术、现代管理和创新思维等方面的知识来帮助老年人。这种知识和经验的双向传递，有助于不同年龄群体间的理解和支持，从而促进社会的融合。

（二）发展多代共生的居住模式

为了推动多代共生社会的形成，银发经济倡导打造适合不同年龄群体共享的居住环境。在多代共生的居住模式中，老年人、年轻人和儿童可以共同生活在同一社区或家庭中，彼此关照，形成紧密的社会关系。

（三）促进代际间的经济合作与互助

银发经济通过推动老年人与年轻人之间的经济合作，能够有效促进代际融合。老年人不仅是消费者，还是潜在的劳动力参与者和创业者。随着退休年龄的推迟和健康状况的改善，许多老年人希望继续参与工作或创业，这为年轻人提供了跨代合作的机会。

（四）促进代际共育和家庭照护

银发经济提倡家庭成员之间的互助合作，尤其是在照护和教育方面。随着老龄化社会的推进，家庭中的角色分配开始发生变化。老年人在照看孙辈和参与家庭事务中能够发挥重要作用，而年青一代则可以在经济和技术上为老年人提供帮助。

（五）推动跨代际的文化传承和社会责任

银发经济通过文化传承和社会责任的推动，促进社会的和谐与融合。老年人是文化传统的承载者，他们拥有丰富的传统文化和历史知识，而年青一代则在新兴文化和全球化背景下成长。通过促进文化交流与传承，银发经济可以搭建跨代际沟通的桥梁，增进各代群体之间的相互理解和尊重。

（六）强化政府和社会政策支持

政府在推动银发经济和多代共生社会的过程中，扮演着至关重要的角色。政府可以通过制定有利的社会政策，促进不同年龄群体的融合与合作。例如，提供跨代际的教育和就业政策、鼓励多代共生的住房规划，以及为老年人提供更多的社会保障和服务，都能够为促进社会和谐奠定基础。

（七）总结

银发经济不仅为老年群体提供了丰富的消费和服务机会，也为推动多代共生社会的形成提供了独特的解决方案。通过促进代际互动、跨代教育与合作、家庭照护、文化传承和社会责任等方面的努力，银发经济能够有效地减少代际隔阂，增强社会和谐，推动各代群体之间的深度融合与合作，从而实现一个更加包容、和谐的多代共生社会。

089　银发经济将如何与人工智能、机器人等技术融合？

（一）智能健康管理

随着人工智能和物联网技术的发展，智能健康监测系统将在银发经济中发挥重要作用。例如，智能手表、健康监测设备和传感器可以实时监控老年人的健康状况，如心率、血压、血糖等，并通过AI算法进行数据分析，提前发现潜在健康问题，提供个性化的健康建议。远程医疗平台和虚拟医生将使老年人能够在家中接受健康评估和诊断，减少外出就医的困难。

（二）机器人护理与陪伴

机器人技术在养老护理中的应用将显著提升服务质量与效率。例如，服务型机器人可以帮助老年人完成日常生活中的简单任务，如送餐、取物、清扫等。此外，陪伴型机器人可以缓解老年人的孤独感，提供情感支持，并通过语音识别和自然语言处理技术与老年人互动，帮助他们进行社交活动或提供心理慰藉。

（三）智能家居与环境适配

智能家居系统将使老年人的居住环境更加安全和便捷。通过智能家居技术，老年人可以远程控制家电、灯光、温度等，甚至可以通过语音助手进行操作。此外，AI技术可以分析老年人的日常活动习惯，自动调整家居环境，提高舒适度和安全性。

（四）数字化服务与自动化

在银发经济中，AI和自动化技术将简化老年人对各类服务的获取方式。无论是购物、支付、学习还是社交，老年人将能够通过直观、简便的数字化平台完成各类任务，享受更加高效和个性化的服务。

090　银发经济将如何影响全球资源分配和社会结构？

（一）资源重新配置

随着老年群体的增长，政府和社会需要重新配置资源，以满足这一群体的需求。这包括增加对养老服务、健康医疗、社会保障和住房等领域的投资。资源的流动将从传统的年轻劳动力群体向老年群体转移，尤其在医疗和社会福利系统的建设上，资源的分配将更加注重老年人的健康管理、养老照护和生活质量。

（二）劳动力市场的调整

银发经济将推动劳动力市场的变化，老年群体将更加积极地参与劳动力市场，包括延迟退休、再就业以及自主创业。劳动力的延长将影响劳动力结构和企业用工模式，需要调整工作环境和就业政策。同时，随着老年劳动力的增加，技术和自动化的应用可能加速，企业可能依赖机器人和人工智能来替代部分重复性和体力劳动，降低对人工劳动力的需求。

（三）社会结构的变动

银发经济将改变社会的年龄结构和家庭结构。老年人将不再是“被照顾”的群体，而是参与社会经济活动的重要力量。这将促进代际合作和互动，老年人的经验和知识将对社会产生重要影响。此外，随着家庭结构的变化，更多的老年人可能选择独立生活或集体生活，社会服务体系将需要提供更多元化、个性化的服务来满足他们的需求。

（四）经济模式的转变

银发经济的崛起也将促使消费模式的转变，老年人作为消费者的市场潜力巨大。这将推动相关产业的发展，如健康产业、养老服务、智能家居、旅游和文化娱乐等，推动经济向服务型和体验型经济转型。

091 如何为银发群体创造更加智能化的社会环境?

（一）智能家居与环境适配

推动智能家居技术的普及，使老年人的居住环境更加安全和便捷。智能家居系统可以通过自动化调节温度、光线和家电，减少老年人的操作难度。此外，智能传感器可以检测家中异常情况，如跌倒或健康问题，并自动通知家人或护理人员，确保老年人的安全。

（二）健康管理与远程医疗

利用人工智能、大数据和物联网技术，建立智能健康管理系统。通过可穿戴设备和远程医疗平台，老年人可以实时监测自身健康状况，提前预警潜在健康风险，并通过在线医生咨询获得及时帮助。远程医疗还可以解决老年人出行困难的问题，提高医疗资源的可达性和效率。

（三）无障碍智能交通系统

为老年群体提供智能化的交通出行服务是构建智能社会环境的重要组成部分。通过共享电动出行工具、智能公交系统和无障碍交通设施，可以确保老年人轻松、安全地进行城市内外出行。智能导航和语音助手还可以帮助老年人高效规划路线，避免交通上的困扰。

（四）数字平台与社交支持

构建老年人友好的数字平台，促进老年群体的社交互动和信息获取。通过线上教育、兴趣小组、社交媒体和电子支付等数字工具，老年人不仅能享受到便捷的生活服务，还能与他人建立联系，减少孤独感。此外，数字平台还可以提供个性化的服务推荐，帮助老年人更好地融入社会。

（五）智能养老服务

通过智能化的养老服务提升老年人的生活质量。智能机器人可以为老年人提供日常陪伴、健康监测、生活辅助等服务，减轻护理人员的工作负担，确保老年人享有更多的自主性和生活质量。

（六）数据驱动的公共政策与城市规划

智能化的社会环境不仅限于家庭和个人，还应体现在城市规划和公共服务的优化上。通过大数据分析，了解老年群体的需求，优化公共服务布局，如养老院、健康中心、文化设施等。政府可以通过智能化管理提升资源配置效率，实现社会服务的个性化和精准化。

092　银发经济的未来展望

未来是一个充满机遇与挑战的时代。随着全球人口老龄化进程加速，老年群体的数量不断增长，银发经济正在成为推动社会和经济发展的重要力量。未来，这一领域不仅会带来新的经济机遇，也面临诸多挑战。

（一）机遇

庞大的市场潜力：老年群体对健康、养老、娱乐、文化和旅游等领域的需求日益增长。银发群体的消费能力不断提升，推动了健康产业、养老产业、智能家居、绿色产品等相关行业的发展。老年人对个性化和高质量生活方式的需求将带动创新型产品和服务的不断涌现，推动整个市场的活跃。

技术创新的机会：随着智能家居、远程医疗、人工智能和大数据等技术的发展，银发经济为这些技术的应用和创新提供了广阔空间。例如，智能健康监测、个性化医疗、老年人护理机器人等技术可以显著提升老年人的生活质量，为科技公司和创业者创造新的市场机会。

社会结构的变化：老年人将不仅仅是社会发展的受益者，还将在志愿服务、教育传承和社会责任中发挥更大作用。这为社会发展提供了新的动力，促进了代际合作和社会和谐。

（二）挑战

社会保障压力：随着老年群体的增多，如何确保养老金、医疗保障等社会福利制度能够持续有效运作，成为一个重要挑战。资源的配置、医疗资源的短缺以及社会福利的提升都需要应对。

医护压力：老年人对健康管理、长期护理的需求日益增加，医疗和护理服务的压力逐渐增大。如何提供更加高效、专业和可持续的健康服务，是未来需要解决的问题。

数字鸿沟问题：尽管技术创新为银发经济提供了巨大潜力，但很多老年群体对新技术的适应能力较弱，如何消除数字鸿沟、提供适应老年人需求的技术支持，是一个不可忽视的挑战。

093　银发经济领域项目如何部署？

在银发经济的背景下，项目部署的关键在于如何从养老设施配套规划与设计、养老产业园区规划、智慧养老服务体系规划等多个维度进行综合部署，确保老年群体能够在健康、安全、便利的环境中享受高质量的生活。以下是这些领域如何部署的具体策略和建议。

（一）养老设施配套规划与设计

养老设施的规划与设计是银发经济中的重要组成部分，关乎老年人的生活质量。为确保设施满足老年群体的特殊需求，设计与规划过程中要特别注重功能性、舒适性和可持续性。

关键要素

设计时应特别注重无障碍设施，如无障碍通道、电梯、坡道等，确保老年人无论是行动不便还是普通移动，都能够顺畅地使用设施。

室内外设计应以舒适、安全、温馨为导向。例如，使用软质材料来减少摔倒的风险，确保室内照明充足且适应老年人的视力需求，安装智能温控系统保持室内温度。

提供高效的生活便利设施，如24小时医疗急救系统、老年人专用的娱乐活动场所、共享的厨房和食堂以及老年人社交空间，促进社区内的互动与关怀。

增加花园、绿地和休闲场所，提供老年人健身、散步、社交的空间。植物墙、花园走道、健身器材等能有效促进老年人的身心健康。

将智能家居系统融入养老设施，设计智能床垫、智能门禁、自动调节的照明和温控系统，为老年人提供更加安全、便捷的生活体验。

设计原则

安全性：要考虑到老年人身体功能的衰退，确保防滑、无障碍、智能化紧急呼叫等系统到位。

健康性：包括空气流通、湿度控制、温度调节等方面的考量，为老年人提供一个有益身心健康的居住环境。

社交性：养老设施应该提供足够的社交空间，减少老年人的孤独感，增强他们与他人互动的机会。

（二）养老产业园区规划

养老产业园区作为银发经济的重要组成部分，不仅提供了养老服务的基础设施，还推动了相关产业的发展。一个成功的养老产业园区应当具备完善的产业链布局，包括医疗健康、养老服务、文化娱乐等方面的资源整合。

关键要素

产业链整合：养老产业园区应不仅包括传统的养老院或护理院，还应结合健康管理、医疗服务、老年人文化娱乐等设施。例如，园区内应包括老年医学研究中心、老年人文化活动中心、心理咨询中心、智慧健康中心等，提供全方位的服务。

绿色生态园区打造：园区规划时，要将环境保护与生态建设结合起来，打造绿色生态园区。设计应注重绿化、环保材料使用、能源高效利用等，创建一个符合老年人健康需求的环境。

医疗资源集聚：养老产业园区应与当地医疗资源对接，规划一定数量的医疗机构、诊所、护理站等，确保老年人能够在园区内及时获得医疗服务。

高效的交通与配套设施：养老产业园区要考虑到老年人的出行便利性，设计易于老年人使用的公共交通设施，同时配套完善的餐饮、购物、娱乐等生活设施，提供一站式服务。

园区规划原则

综合性：园区内应有养老、医疗、康复、文化娱乐、社交等各类资源的整合，确保老年人能够享受多元化的服务。

便利性：园区的各项设施要合理规划，确保老年人在园区内可以方便快捷地享受到所需服务。

可持续性：园区的建设应注重可持续性，采用节能环保材料、清洁能源等，确保其长久发展。

（三）智慧养老服务体系规划

随着科技进步，智慧养老已成为现代养老服务的重要趋势。智慧养老服务体系通过互联网、大数据、人工智能等技术手段提升养老服务的质量和效率，确保老年人在享受高科技服务的同时，保障他们的安全和健康。

关键要素

智能健康监测：通过智能设备（如智能手环、健康监测仪器等）实时监控老年人的健康状况，包括心率、血压、体温、活动量等数据。通过数据分析及时发现潜在健康问题，进行预警和干预。

远程医疗服务：通过视频通话、远程会诊等方式，老年人能够在家或在养老院内获得专家的医疗意见和诊断。这项服务尤其对行动不便或居住在偏远地区的老年人尤为重要。

智能家居系统：将智能家居技术应用于养老环境，如自动化调节室内温度、湿度、灯光等，为老年人提供舒适的居住体验；智能家电（如语音控制设备、智能电视等）可以增强老年人的生活便利性。

紧急呼叫系统：安装紧急呼叫设备（如手表、项链、床头按钮等），确保老年人在发生突发事件时能够快速呼叫帮助，及时获得医疗救援。

虚拟养老助理：借助AI技术，提供虚拟养老助理服务，帮助老年人进行日常生活管理、饮食安排、活动安排等，提升其生活质量。

规划原则

科技与人性化结合：智慧养老应注重人性化设计，确保科技手段不会增加老年人生活的复杂性。设备应简便易用，操作界面友好，技术应辅助老年人更好地生活，而不是让他们感到困惑。

数据安全与隐私保护：在智慧养老中，个人健康数据的收集和管理至关重要。应确保数据的安全性和隐私性，防止数据泄露或滥用。

系统集成与协同：智慧养老服务系统应当做到高度集成，医疗、社交、娱乐等服务应通过统一平台提供，形成一个互联互通的综合服务系统，便于老年人使用和享受。

（四）总结

银发经济的成功部署需要从养老设施配套规划与设计、养老产业园区规划、智慧养老服务体系规划等多个维度入手，形成相互支撑、互为促进的综合发展模式。通过合理规划和设计养老设施、建立多功能的养老产业园区、实施先进的智慧养老服务体系，不仅能够提升老年群体的生活质量，还能推动银发经济的可持续发展，促进社会福利体系的完善，为国家和社会带来积极的经济效益和社会效益。

094　银发经济将如何影响未来的城市规划？

（一）老年友好型城市设计

随着银发群体的增加，城市规划将更加注重无障碍设施的建设。例如，设计宽敞的步行道、无障碍电梯、方便的公共交通系统等，以确保老年群体能够轻松出行，减少行动不便的困扰。此外，公共空间和住宅区将需要更加注重安全性和舒适性，例如智能照明、地面防滑和紧急呼叫系统等。

（二）绿色健康生活空间

银发经济强调健康和生活质量，未来的城市规划将更多融入绿色环保和健康管理理念。老年人对绿色环境的需求将推动公园、花园和休闲设施的增多，提供更多的自然空间以促进老年人的身体健康和心理健康。城市将更多使用环保、节能材料，推动可持续建筑和节能家居的建设。

（三）智能化服务与技术集成

智能城市的构建将为银发经济提供技术支持。老年群体将能通过智能家居、智能健康监测、远程医疗等技术提高生活质量。城市将整合大数据、人工智能等技术来优化公共服务、医疗资源和应急响应，确保老年人在城市中能够享受更加便捷、舒适和安全的生活。

（四）养老与社会服务设施

随着银发经济的推动，城市规划将更加注重养老服务设施的布局。例如，增加智能化养老院、日间照料中心、老年人健康管理中心等，确保老年人能够得到及时的医疗和照护服务。

095 银发经济将如何影响未来的建筑设计？

（一）无障碍设计

随着老年人口的增加，建筑设计将更加注重无障碍设施的配置，包括宽敞的通道、无障碍浴室、坡道和电梯等。

此外，楼梯的设计将更加安全，扶手和地面材料也会更加适合老年人使用，避免滑倒和其他安全隐患。

（二）智能家居与自动化

银发经济推动了智能家居技术的发展，未来的建筑将整合更多智能化系统，例如自动调节的照明、温度和窗帘，智能家电、远程医疗监控系统等。这些技术不仅能提高生活的便捷性，还能通过智能监测老年人的健康状况，确保居住的安全性和舒适度。

（三）健康与舒适的居住环境

银发群体对居住环境的健康要求更高，未来建筑设计将更加注重自然光照、通风和绿色环保材料的使用。设计将更加注重空间的流动性和开放性，为老年人提供更多舒适的活动空间。绿色屋顶、花园和公共休闲区将成为老年人社交和休闲的重要场所。

（四）集成化社区与服务设施

未来建筑设计将更多整合社区服务功能，例如老年人健康管理中心、日间照料中心、文化活动中心等，形成集成化的老年人生活服务体系。这些设施可以提供医疗、心理咨询、社交活动等综合服务，让老年人在熟悉的社区内获得全面的支持。

（五）节能与可持续性

银发经济的推动也将促使建筑设计更加注重环保与节能。例如，建筑将采用节能材料和智能化能源管理系统，优化能源消耗，减少环境影响。此外，绿色建筑和太阳能、风能等可再生能源的应用，将成为建筑设计的重要方向。

096 银发经济如何影响房地产市场，特别是在住房适老化改造方面？

（一）适老化改造需求增加

随着银发群体的增多，现有住房将需要进行适老化改造，包括增设无障碍设计（如安装扶手、坡道、宽敞通道等）、防滑地面、无障碍浴室和智能家居设备（如智能照明、温控等）。这些改造能够提升老年人的居住安全性和舒适度，满足他们在日常生活中的特殊需求。

（二）老年友好型住宅需求增长

随着老年人对居住环境舒适性和安全性的要求提高，老年友好型住宅将成为市场需求的重要组成部分。房地产开发商将更加关注老年人需求，设计无障碍住宅、小型公寓和多功能空间。这些住宅不仅适合老年人的生活需求，还便于日常护理和健康管理。

（三）养老社区与多功能住宅的兴起

银发经济推动了集居住、医疗、社交和文化活动为一体的综合性老年人社区的建设。这类社区将提供更高水平的服务设施，如健康管理中心、日间照料服务等，满足老年群体的多重需求。房地产开发商与养老服务机构的合作将更加紧密，促进养老地产的快速发展。

097　银发经济将如何影响未来的交通系统？

（一）无障碍交通设施

随着银发群体对交通便利性的需求增加，未来的交通系统将更加注重无障碍设施的建设。例如，公共交通工具（如巴士、地铁）将配备无障碍通道、低地台设计和可调节座椅，以方便老年人和行动不便者使用。同时，车站和公交站点也将设计为无障碍通道，确保老年人在使用公共交通时更加便捷。

（二）智能化出行服务

随着智能交通技术的快速发展，未来的交通系统将更多采用人工智能、大数据和物联网技术，提供个性化和高效的出行服务。老年人可以通过智能手机应用预约共享电动汽车、打车或公共交通工具，同时获得最优路线建议和实时交通信息，提升出行的便捷性和安全性。

（三）共享经济与绿色出行

共享出行将成为未来交通系统的重要组成部分。银发群体将能够利用共享电动汽车、共享单车等绿色出行方式，减少对传统私人汽车的依赖。同时，这种共享模式将降低老年人的出行成本，并鼓励更多老年群体参与到低碳环保的出行方式中。

（四）定制化和柔性化交通服务

未来交通系统还将提供更多定制化的服务，如老年人专用的社区出行服务或按需交通工具。这些服务将满足老年群体在不同时间和地点的个性化出行需求，提升他们的生活质量。

098　银发经济将如何影响未来的教育体系？

（一）终身学习与教育体系的重塑

银发经济的崛起推动了终身学习的需求。未来的教育体系将更加注重为老年人提供学习机会，无论是提高健康管理技能、数字技术应用，还是文化和兴趣爱好的拓展。教育机构和平台将设计专为老年人量身定制的课程，帮助他们继续学习、提升自我，实现个人价值。

（二）技能培训与职业再教育

随着老年人再就业需求的增加，教育体系将提供更多的技能培训和职业再教育机会。许多老年人希望通过再就业保持活跃并提高收入，教育系统将为他们提供与时俱进的技能培训，如数字化技能、创业课程等，帮助他们顺利融入劳动力市场。

（三）数字化教育的普及

随着信息技术的发展，银发群体的数字化教育需求将大幅增加。未来的教育体系将更加依赖在线学习平台，提供灵活、便捷的教育资源。老年人将能够通过互联网学习各种课程，从健康管理到兴趣爱好，甚至跨学科的知识，提升其生活质量和社会参与感。

（四）跨代互动与社会融合

教育体系还将促进跨代互动，通过设置老年人和年轻人共同参与的项目，鼓励老年人传授经验、分享知识，同时增进社会各代人之间的理解和合作。这种跨代教育方式不仅能让老年人更好地融入社会，还能为年轻人带来宝贵的经验与智慧。

099　银发经济将如何影响未来的医疗体系？

（一）个性化健康管理

随着技术的进步，医疗体系将更加注重老年群体的个性化健康管理。通过大数据、人工智能和物联网技术，医疗服务将更精准地根据老年人的健康状况、基因信息和生活习惯进行定制。这些技术将帮助医生为老年患者制定个性化的预防、治疗和康复方案，从而提高治疗效果和生活质量。

（二）远程医疗和智能健康监测

未来的医疗体系将广泛采用远程医疗服务，尤其是在偏远地区或老年群体的健康管理中。智能健康设备将被广泛应用于日常监测，如血压、血糖、心率等指标，通过移动设备进行实时传输，医生可远程监控并提供及时干预。这不仅提高了老年人的医疗可达性，也减少了不必要的医院就诊。

（三）长期护理服务

随着银发群体对长期护理的需求增加，医疗体系将更加注重护理服务的整合和优化。传统的医疗模式将与护理服务融合，推动社区和家庭护理的发展。政府和医疗机构将提供更多居家护理、日间照护和老年病专科服务，以减轻医院的压力，同时提高老年人的生活质量。

100 如何建立一个长期可持续的银发经济生态系统？

建立一个长期可持续的银发经济生态系统，并不是靠某一个产业、某一项政策就能完成的事，它需要政府、企业、社会组织、个人四方的协同配合，也需要养老服务、健康医疗、金融保险、科技创新、文化教育等多个领域的共同支撑。这是一个系统工程，更是一项时代命题。面对全球人口老龄化的大趋势，谁能率先搭建起完善、有韧性、可持续的银发经济生态系统，谁就能在未来几十年里把握住新的经济增长极。

（一）政策支持方面

政府需要明确银发经济的发展目标，把它上升到国家战略高度来统筹推进。老龄化不是危机，而是转型的机会。在政策引导上，不应仅仅围绕“养老负担”展开，而是要积极从老龄化、健康老龄化的角度，激发老年人的社会活力和消费潜力。比如，可以设立银发经济发展专项基金，推动适老化改造、智慧养老项目、老年友好型城市建设等；也可以通过税收减免、金融扶持、土地供给等方式，鼓励企业进入银发市场，降低创新成本。

（二）人才体系建设方面

目前从事老龄产业的专业人才严重短缺，无论是养老护理人员、老年心理咨询师，还是专门研发适老科技的工程师、健康数据分析师，市场远远供不应求。要建立一个长期可持续的生态系统，必须搭建起一整套老龄服务与管理人才培养机制。高校应设立相关专业和课程，职业院校可推出老年服务类技能认证体系，鼓励年轻人进入这一行业，并给予合理的职业晋升和薪资回报。同时，要鼓励在职转岗、跨行业再培训，让各类人才都有机会参与到银发经济的建设中来。

（三）产业发展方面

银发经济绝不只是养老服务业，也不是单纯地卖些老年用品。它的范围应该是全生命周期、全场景覆盖。从50岁进入“预老年阶段”开始，老年人对健康管理、理财规划、生活品质的要求就在不断提高。这时候，医疗健康企业、保险机构、营养品牌、适老智能设备公司、旅游公司、文化教育平台、居住服务运营商都可以切入其中。每个环节都不是孤立存在的，而是互联互通的产业链条。要让这些产业之间形成协同效应，就要推动银发经济“平台化”发展。比如建立综合服务平台，一端连接老年用户，一端整合各类服务和产品资源，实现信息共享、服务一体化、消费闭环。

（四）科技力量支撑方面

科技力量是支撑银发经济生态系统升级的关键变量。无论是可穿戴设备、健康监测系统，还是智能家居、远程医疗、AI陪伴机器人，这些技术应用都正在重塑老年人的生活方式。为了实现技术真正落地，研发阶段就应深度参与用户调研，确保产品“易用、耐用、实用”。同时，技术开发不能脱离“适老”这一根本标准，不能只做功能炫酷的产品，而要关注老年用户的体验和接受程度。此外，还需要大量的技术服务提供商，帮助老年人上手、使用、维护智能设备，解决“技术最后一公里”的问题。

（五）金融支持方面

金融系统也应成为银发生态的重要一环。目前很多老年人有储蓄但不会配置，有资产但缺乏合理管理，或者根本无法接触到合适的理财工具。金融机构应推出更贴合老年需求的产品组合，比如灵活提取型养老保险、低风险理财产品、长期护理保障计划、医疗补充险等，还可以通过“家庭账户”“亲情账户”“子女代管”等方式设计适老金融服务机制。与此同时，要强化老年金融防诈骗能力，提升老年人的金融素养，让他们在享受金融服务的同时不掉入陷阱。

（六）社区建设与工作

社区是银发经济生态系统中的核心单元。社区不仅是老年人日常生活的场景，更是连接服务资源、传递社会温度的纽带。推动社区嵌入式养老、社区食堂、健康驿站、老年课堂、社交活动中心等基础设施建设，能有效满足老年人“在地养老”的愿望。同时，社区应具备整合和分发服务的能力，例如通过“社区运营管家”机制，帮助老年人对接医疗、家政、法律、心理等多种服务，真正实现服务就在身边、需求马上响应。

（七）文化教育方面

文化和教育是激活老年人内在潜能的重要渠道。退休不等于退出，晚年生活也不是人生的“收尾”。许多老年人希望继续学习、创造、参与社会，只要提供适合他们的渠道，他们完全有能力成为经济和社会的积极力量。老年大学、兴趣社群、志愿组织、创业项目，都可以成为他们实现价值的平台。通过提供丰富多彩的文化产品和学习资源，不仅提升他们的生活满意度，也激活了一整个与之相关的产业链，比如内容制作、教育服务、文化旅游、社交平台等。

（八）数据反馈与动态优化方面

为了确保这个生态系统的长期可持续性，还要建立一套完整的数据反馈与动态优化机制。政府部门、平台企业、研究机构应共同建设“银发经济数据中心”，定期发布老年人群的消费数据、健康状况、服务需求等，为产业规划提供决策支持。借助大数据和人工智能，可以动态调整服务供给结构，实现资源精准配置。同时，也可以通过数据发现新的市场空白，激发新的商业创新。

建立一个真正长期可持续的银发经济生态系统，说到底是一个系统性的社会工程。它不是单靠某一个行业的发力就能完成的，而是要有全局视野、系统思维、协同机制和社会共识。在这个系统中，老年人不是被动接受照顾的群体，而是活跃、独立、有消费能力、有创造力的社会成员。未来的银发经济，应该不仅仅是“为老而服务”的经济，更是“与老共成长”的经济。这将是中国，也是世界，最具挑战，也最具希望的新蓝海。